舵手证券图书
www.duoshou108.com

知识领航财富人生

舵手汇 www.duoshou108.com

投资交易学习社交平台

以趋势交易为生

Trend Trading for a Living

托马斯·K. 卡尔　著
苏远秀　张轶　译
康民　校译

山西出版传媒集团
山西人民出版社

图书在版编目(CIP)数据

以趋势交易为生／（美）托马斯·K.卡尔著；苏远秀等译．--太原：山西人民出版社，2019.1
ISBN 978-7-203-10492-6

Ⅰ.①以… Ⅱ.①托… ②苏… Ⅲ.①股票交易-基本知识 Ⅳ.①F830.91

中国版本图书馆 CIP 数据核字（2018）第 185262 号
著作权合同登记号　图字：04-2018-039

Thomas K. Carr
Trend Trading for a Living: Learn the Skills and Gain the Confidence to Trade for a Living
0-07-154419-4
Copyright ©［2007］by McGraw-Hill Education．
All Rights reserved. No part of this publication may be reproduced or transmitted in any form or by any means, electronic or mechanical, including without limitation photocopying, recording, taping, or any database, information or retrieval system, without the prior written permission of the publisher.
This authorized Chinese translation edition is jointly published by McGraw-Hill Education and SHANXI PEOPLE'S PUBLISHING HOUSE. This edition is authorized for sale in the People's Republic of China only, excluding Hong Kong, Macao SAR and Taiwan.
Copyright©［2018］by McGraw-Hill Education and SHANXI PEOPLE'S PUBLISHING HOUSE．

版权所有。未经出版人事先书面许可，对本出版物的任何部分不得以任何方式或途径复制或传播，包括但不限于复印、录制、录音，或通过任何数据库、信息或可检索的系统。
本授权中文简体字翻译版由麦格劳-希尔（亚洲）教育出版公司和山西人民出版社合作出版。此版本经授权仅限在中华人民共和国境内（不包括香港特别行政区、澳门特别行政区和台湾）销售。
版权©［2018］由麦格劳-希尔（亚洲）教育出版公司与山西人民出版社所有。
本书封面贴有 McGraw-Hill Education 公司防伪标签，无标签者不得销售。

以趋势交易为生

著　　者：	（美）托马斯·K.卡尔
译　　者：	苏远秀　张轶
校　　译：	康民
责任编辑：	秦继华
复　　审：	傅晓红
终　　审：	阎卫斌
出 版 者：	山西出版传媒集团·山西人民出版社
地　　址：	太原市建设南路 21 号
邮　　编：	030012
发行营销：	0351-4922220　4955996　4956039　4922127（传真）
天猫官网：	http：//sxrmcbs.tmall.com　电话：0351-4922159
E-mail：	sxskcb@163.com　发行部
	sxskcb@126.com　总编室
网　　址：	www.sxskcb.com
经 销 者：	山西出版传媒集团·山西人民出版社
承 印 者：	三河市京兰印务有限公司
开　　本：	710mm×1000mm　1/16
印　　张：	18
字　　数：	200 千字
印　　数：	1-8000 册
版　　次：	2019 年 1 月　第 1 版
印　　次：	2019 年 1 月　第 1 次印刷
书　　号：	ISBN 978-7-203-10492-6
定　　价：	78.00 元

如有印装质量问题请与本社联系调换

本书献给：

我的父亲，他是一个好牧师，不是一个好的投资者，但是他很支持我的工作；

我的继母，她总是鼓励她的儿子们去追逐自己的梦想；

我可爱的老婆艾娜，感谢你在我写作的时候无怨无悔地照顾我们的小孩（还感谢你在我没有写作的时候命令我回到电脑前面！）；

两个可爱的女儿，娜塔莎和和纳迪亚，她们是我最好的投资；也许风险很大，但收益是无价的！

"舵手证券图书" 开篇序

20世纪末，随着中国证券投资市场的兴起，我们怀揣梦想与激情，开创了"舵手证券图书"品牌，为中国投资者分享最有价值的投资思想与技术。

世界经济风云变幻，资本市场牛熊交替，我们始终秉承"一流作者创一流作品"的方针，与约翰威立、培生教育、麦格劳-希尔、哈里曼、哈珀·柯林斯等世界著名出版机构合作，引进了一批畅销全球的金融投资著作，涵盖了股票、期货、外汇、基金等主要投资领域。

时光荏苒，初心不改，我们将一如既往地与您分享专业而丰富的投资类作品。我们以书会友，与天南海北的读者成为朋友，收获了信任、支持。许许多多投资者成为我们的老师、知己，给予我们真诚的赞许、批评、建议。更有一些资深人士由此成为我们的编辑、翻译、评审，这一切我们感念于心。

我们希望与每位投资者走得更近，希望在"知识领航财富人生"理念指引下，打造综合型投资交易学习社交平台——"舵手汇"（www.duoshou108.com），通过即时动态、视频直播、有声读书、电子图书、在线聊天、知识问答、活动报名、读书会、打赏提现等多项功能，服务会员的读书分享、实战交流以及知识变现。"舵手汇"不定期邀请作者、嘉宾与会员对话，为读者答疑解惑，分享最新交易技术与理念。在这里，您可以与华尔街投资大师亲密接触；在这里，您可以与全国最聪明的投资者交流切磋；在这里，您可以体验全球最新最全的投资技术课程。这里，必将因为有您而精彩！

序言 / Foreword

让我们谈谈你对金融市场的兴趣。我们从最残酷的真相讲起：靠交易赚钱难，以交易为生难。毕竟除了铸币厂能印钱，没人可以印钱，钱也不是长在树上的。

所以对于任何想交易股票、外汇或期货的人来说，要么你通过努力而成功，要么你把本金亏掉，然后再继续筹资做交易，如此周而复始。

和投资相比，交易具有机械上的优势，在短期内优秀的交易者会比优秀的投资者赚得多。但是魔鬼在细节。交易者的工作就是在投资者买入并持有的时期内利用价格的波动赚钱。他们必须掌握时间管理这项具有挑战性的技能。

请认真对待这个问题，并找到一个利用市场波动赚钱的策略。实际上，你的成败取决于你选择的道路。最危险的道路就是在追逐利润的时候忽略了下跌的风险。有时候最安全的技术，只要事情发生了变化就变成了阻力。

幸运的是，你找到了托马斯·卡尔优秀的关于趋势交易的书，这等于你找到了正确的道路。本书中的信息向新手和有经验的交易者打开了新的市场大门，用双臂欢迎他们采用我们的方法。实际上，你会在本书中找到交易赚钱的所有智慧。

但是你不要停止学习。形成超级的交易技术是一生的追求，我们要不断追求新的思想、方法和策略。市场虽然不会让你坐牢，但它是一个掠夺性的战场，我们必须不停地学习才能保持在最佳状态。

要保证你的交易和你的生活风格是搭配的。当你超过了自己的能力范围时，你可能会亏损很多钱。如果你跟不上市场的节奏，不要指望能赚到每次价格跳动带来的利润。不要在投资时做日内交易，也不要在交易时买入并持有不动。永远不要让市场来解决你的个人问题，它只会让事情变得更糟糕。

把握好时间，你必须成为一名生存者。你要形成一种感觉，知道股票在不同的周期会有什么样的表现；你要了解市场在每天、每周和每月独特的特点；你要了解这些重复出现的倾向是如何影响价格的波动的，是如何影响交易的。它们能揭示高概率的交易机会。

把不同的市场行为分类，用简单的技术去交易。你要掌握几种模式，在你学习交易的时候让它们为你带来收益。你要明白追逐热门股票是一个糟糕的赚钱方法。你要放弃追求刺激并做到跟随精准典型的市场机制，它们会让你在压力不大的情况下产生持续的利润。

你在思考利润之前要控制好风险。这里需要解释一下风险管理最重要的原则：如果你不知道出场点，那么就不要进场。你要知道你的仓位的风险，一旦价格表明你错了，你就要离场。新手在不会赚钱之前所持的仓位一定要轻，这样才能控制好风险。请记住，市场永远不缺少机会。

你要聚焦于精准的进场点和出场点,如果市场没有到达这些明确的价格,那么就观望。如果你的买卖信号不一致,那么就要减小仓位。你要保持谨慎,执行交易时要明智。记住:长期而言,用好的进场点买入表现不好的股票产生的收益要比用差的进场点买入表现好的股票产生的收益多。

如果你从不同的渠道得到了相同的信息,那么最好的交易机会就来了。一条均线、一个新闻报道和其他市场的上涨都能构成让你买或卖的信息。但不要为了证明自己的偏见就到处去找支持自己的数据和观点。当市场行动时,它才不管谁支持你呢。

最后,你要花很多时间学习和观察市场。形成一种掠夺性的直觉,避免贪婪,并把这种爱好做为一生的追求。努力完成你的分析,不要抄近路。要形成你自己的交易风格,不要随大众。

要有耐心,持续赚钱的大门最终会为你打开的。

艾伦·S. 法雷
《波段交易者大师》的作者

致谢

像《以趋势交易为生》这么具有综合性的书是过去和现在很多人的心血结晶。我是市场的终身学生,也是交易系统的终身学生,我很荣幸有很多优秀的老师和导师为本书做出了贡献。让我花点时间感谢一下这些重要人物。

非常感谢尼古拉斯·达瓦斯的作品,我会在后面的介绍章节讲到他的故事,他的故事给了我第一次也是最大的市场启发。他的箱体系统让我开始了系统开发,他在全职工作的同时追求股市财富的故事启发了我,我也可以像他那样做。

我还要感谢亚历山大·艾尔德,他是我的老师,也是我的市场心理医生,我会在后面详细解释的。艾尔德博士第一个向我揭露了在价格图表上用技术分析的美妙之处及其逻辑性。本书提到的系统所使用的关键概念来自他的著作《以交易为生》,现在他的书已经成为了交易书中的经典。

我还想感谢我们家的朋友,已故的基因·布朗宁。基因是一个成功的期权交易者,也是一个有信念的人,他的一生是我们的楷模。我和基因通过几次电话,他在电话中告诉我一辈子盯着图表和数字不代表人生没有更高的追求。基因是耶稣基督的主要信徒。他总是把他的交易技术看做是对耶稣召唤的回应。

如果不是艾伦·法雷，本书是不会问世的，他传授交易艺术的水平是一流的。很多年前艾伦开了一个叫 hardrightedge.com 的网站用来培训交易者，在他的行动和鼓励下（在那个年代交易还是专业人士的游戏，大众根本不懂交易原则）我也开了一个叫 befriendthetrend.com 的网站，我用这个网站在网上教学。我很感谢艾伦为本书写了序言，这是我的荣幸。

还要感谢的人分别是：卡林证券的总裁杰米·卡普托，他充满激情和热情去帮助交易者，并感染了很多人；交易系统开发者肯·亚当斯，他是"硅谷投资者"的长期朋友；麦格罗黑尔的优秀编辑黛安·惠勒和所有同仁们，感谢他们对出版本书的信心及专业出版精神。

特别感谢 befriendthetrend.com 网站的所有朋友和伙伴们：上帝保佑你们！

从激情到职业

请和我一起做一分钟的头脑风暴：股市对你意味着什么？你想象到了什么图像？你对交易、华尔街、全球市场的感觉是什么？一旦被问到市场对我意味着什么，我的反应是：

- 无数数字的自由流动。
- 红的和绿的、上涨的和下跌的、顶部和底部、涨潮和退潮。
- 产品、服务、技术、商品和信息的大熔炉。
- 曼哈顿的高品位文化、烟灰色的建筑、形形色色的男男女女。
- 美国、全世界的经济和心理晴雨表。
- 权势、贪婪、纪律、腐败、资讯、狂喜和极大的痛苦。
- 任何精力充沛想赚钱的人的游乐场。
- 美国民主资本主义自由市场的标志。
- 能创造财富、自由和机会的有效的工具。

很明显，我对股市的印象混合了很多东西。我认为在人类的所有文化中股市最具有挑战性，是最刺激的。我喜欢艺术、文学、建筑、科学、电影和时尚。我是一个有宗教信仰的人，我对世界主要的人生哲学都比较了解。但是在人类生产的所有商品中，只有股市彻底地让我付出了我的智力、意愿和激情。

我对股市的兴趣来自一个叫《富人瑞奇》的连环漫画，漫画中的主角就叫瑞奇。瑞奇是富人家的小孩，他站在玻璃罩着的机器面前，手上拿着细长的报价带，琢磨着他即将继承的正在不停增长的财富。我当时才6岁，但是这个画面深深地印入了我的脑海，从那以后我就想搞明白为何他要盯着长长的报价带。如果我希望像他一样生活（难道不是每个男孩都希望像他那样？）我想总有一天我会搞懂报价带的秘密。

在我8岁生日那天，我向家人索要豪华版的惠特曼股市游戏，我得到了这个游戏。这个游戏很像《大富翁》游戏，只是你不能买街道，但是可以买入全世界最大的，成长最快的公司股票。当时这样的公司有美泰克、伍尔沃斯、美国汽车、国际鞋业、通用磨坊（随着时间的流逝，变化真大啊！）。玩家在游戏中买卖股票，或交换股票，如果玩家到了别人持有的股票那里，玩家要被迫付出红利。很不幸，和我一起的玩伴都觉得这个游戏不够刺激，没办法，大部分时间就是我自己和自己玩，有时候我会在一个小时内累积一笔小财富。有趣的是我总是赢！另外，1968年豪华版的惠特曼股市游戏早就停产了，但你在eBay上有希望以20美元的价格买到。

我和股市的第二次接触发生在我12岁时，当时我放学后去市公共图书馆。我用新的借书证找到了霍华德·休斯的传记。我仔细研究了每一页，看到了休斯的真实生活，他就像是成人版的富人瑞奇。虽然我不是很喜欢那个人，但是我希望我的人生会像

引言

他一样。一方面,我知道了风险、投机和积极的投资,另一方面,我感受到了富人瑞奇和休斯所享受的自由和力量。

当我再次去图书馆的时候,我走到图书管理员面前问道:"还有关于股市的书吗?"这位女士忍住没笑,优雅地把我带到楼上偏远黑暗拐角处的书架。她看了看整齐摆放的书籍,然后拿了一本递给我,她说:"拿着,你可能会喜欢这本。"这书的名字太完美了,叫《我如何在股市赚了200万》。描述了一个年轻的叫尼古拉斯·达瓦斯的舞蹈演员是如何依靠3个信息致富的:当天的最高价、当天的最低价和收盘价。达瓦斯投资的公司是基本面好,成长性好的公司,当这些公司的股票从底部整固区间突破并带有很大的成交量时,他就学会投资了。一旦买入了,达瓦斯就要记录这只股票的新的箱体。根据达瓦斯的说法,箱体就是根据当天的最高价和最低价确定的交易区间。如果价格向上突破了箱体,他就会把箱体抬高到新的水平;如果价格向下突破了箱体,他就会卖出股票止损。

达瓦斯的书让我第一次接触到系统交易,我当时并不知道——我已经着迷了。我当时才12岁,还不明白达瓦斯讲的基本面分析。几年后我又看了另外一本关于股市的书,发现了真正的赚钱系统,能把股市变成虚拟的印钞机。这本书就是罗伯特·里切娄在1977年的畅销书《如何自动地在股市赚100万!》,针对70年代的熊市,里切娄开发了一个系统用来捕捉市场的波动,看起来特别像是在捕捉顶部和底部。里切娄的系统和达瓦斯的箱体方法相似,只是更加简单,且是机械的:建仓后,如果价格下跌,你就多买点;如果价格上涨,你就卖出。有一个机械公式会计算每个周末的收盘价,以决定如何处理你的仓位:买一点、卖一点或观望。里切娄声称股票会在一个区间内上下波动——导致买入并持有的策略赚得不多——但采用他的自动投资管理系统（AIM）就能获得丰厚的利润。

当我看完里切娄的书以后，我决定测试他的系统，看看他的系统是否有用。我让父亲告诉我报纸上面纽约证券交易所的股票数字的含义。他告诉我如何理解这些数字，并叫我重点关注一家我熟悉的公司，我就选择了麦当劳公司。我们每周至少去吃一次汉堡包，但我并不知道它是美国发展最快速的连锁公司，我只是看见当地麦当劳外面的数字招牌上面的数字在增加，所以我想它应该是好公司。故我决定用自动投资管理系统来模拟交易 500 股麦当劳股票。

里切娄的自动投资管理系统只要求每周看一次股票的收盘价就行了。我觉得这个频率太低了，就每天检查一次价格。当我模拟买入后，我发现麦当劳收盘后涨了 1/4 点，我的模拟利润是 100 美元，我兴高采烈。我记得到了周末时，麦当劳涨了 1 美元，我在一周内的收益是 500 美元！

里切娄的系统有一个问题，那就是只对大幅涨跌的股票有用。无论 1 美元的行情多么让人印象深刻，自动投资管理系统就是不给卖出信号，因为要跌 3 美元它才会给卖出信号。到了第二周，我每天都要看看我的股票表现如何，每天 0.25 点的波动都让我的心情此起彼伏。这样的情况持续了 2 周，后来我觉得太无聊了，就放弃了。

我决定再试试达瓦斯的箱体理论。我在从图书馆借来的《我如何在股市赚了 200 万》上面做了折角，认真地做笔记，以研究如何采用它的系统。我再次模拟交易麦当劳。麦当劳当然符合达瓦斯的选股条件：高成长、前景好、正在长期的底部振荡之中。所以我在1974年夏天"买了"500股麦当劳，我为达瓦斯的系统进入运作感到兴奋。我还做了一个表格跟踪每天的最高价和最低价，以确定箱体。当时麦当劳的价格在40美元出头，它刚突破长达一个月的交易区间，交易区间的上限是35美元左右，下限是20多美元。我已经知道了麦当劳的基本面非常好，这次突破符合达瓦斯的突破点。所以我在42美元左右买入做多，我的止损点则在新的交易区间的下限37美元左右。3周后股票涨到48美元附近，当月收盘价则是44美元，所以我认真地把达瓦斯的箱体向上移动了2点。现在的止损点是39美元，我已经很舒服地赚了差不多1000美元。生活真美好！

有段时间看起来真不错。之后麦当劳的收益出现了预警信号，随时要止损，但是价格还没有碰到我的箱体下限，所以我继续持有。然后灾难来了，麦当劳宣布它的盈利比预期的还少，之后对麦当劳的评级大幅降低了。我在1分钟之内就亏损了1500美元，我爆仓了。我突然意识到想做华尔街年轻的大亨是没戏了。

后来我又长大了一点，对体育、女孩和聚会产生了兴趣——这都是年轻人的爱好。我在18岁时到大学去学医，但我发现我讨厌待在医院，我看见血就恶心。所以我决定换专业，改学宗教和哲学，经过10年的学习我得到了博士学位，然后我在大学讲授柏拉图和阿奎那等基础知识。

我在努力求学的10年期间一直非常节省，但还是欠下了堆积如山的学生贷款，我的信用卡也被透支了。当我做了全职教授以后，我还要还债，在这期间没想过交易的事。后来有人请我在暑假讲课，我得到 5000 美元的收入，我出人意料地又开始了交易。

1996 年电视财经频道都在 24 小时播放关于交易工具的广告：首先是美国有线新闻电视台，然后是美国全国广播公司电视台和彭博电视台。同时网上的聊天室、网上的电子经纪公司和收费便宜的图表服务公司很快就让华尔街变成了商业街。股市正处于 90 年代的大牛市中。出租车司机在谈论股票，餐厅服务员在换班时跑去交易股票——这段时期日内交易者做得很好。空气中弥漫着赚快钱的气氛，我也想尽快融于这种氛围。所以我在那个夏天到网上的经纪公司开了一个账户，并把 5000 美元都转进去了。当时并没有日内交易的具体规则，5000 美元加上杠杆作用，你可以整天来回炒总价值高达 10 万美元的股票。

我考虑到自己的资金数量少，所以决定从低价股开始交易。我到网上聊天室看了一下，看看投资者有什么想法。在几个主要网站上面，交易者都在谈论一家小型上市公司，这家公司正在研究把污水变成饮用水。有人说这家公司的 CEO 要出现在当周的电视节目上，他将面对镜头喝下一杯用污水变成的水以证明公司的能力。机构投资者一定会把这家公司的股票推高，并引起疯狂的投机行为。

这看起来似乎是很确定的事。因此我决定用自己的真金白银购买这家水处理公司的股票。这家公司的股票当时的价格是 2 美元左右，属于在纳斯达克上市的小盘股。我一开始买入了 1000 股，当晚焦急地等待着关于这家公司的新闻，但是电视上没提到这家公司。传言还在继续，第二天这只股票的开盘价是 2.50 美元。我太兴奋了，又多买了 1000 股。当这只股票的价格快到

3.00美元时，我又买入了1000股，此时我的总仓位是3000股，一共投资了7500美元，其中有2500美元是靠杠杆作用借来的。

当晚电视新闻提到了一个"神奇的"水净化系统，可以彻底改变全世界用水的方式，看到这个新闻时我心跳加快了。这个净化系统可以拯救全世界几百万儿童的生命，这些儿童一直得不到干净的饮用水。我于是到网上论坛去看看像我这样买了几千股的投资者是如何兴高采烈地表现的。我从没想过交易股票会这么容易，这么有趣。我们都靠这只股票"发财了"，可惜这是双关语！①

当天晚上在播其他新闻时我焦急不安，直到汤姆·布洛考最终播报了我等待中的新闻我才安静下来。在预告片中，这家"革命性水处理公司"的CEO受到了布洛考的挑战。布洛考叫他把用污水变成的一杯水给喝了。CEO说："当然了，我会喝！"当他说这话的时候，我开始思考已经想了无数次的事：如何运用好这笔意外横财。我最保守的估计是这只股票会翻倍，我的利润是125%。我准备先卖掉一半的仓位，让剩下来的仓位等股票涨到2位数再说。这样我的账户就有了7500美元的现金，然后我再找一只类似的股票——如此循环——就像很多日内交易者听说的那样，我将会在年轻的时候就退休，住在海边的别墅，在游泳池边的躺椅上享受生活。

广告结束后，布洛考又出现在屏幕上，他主持的报道很快就要结束了。他谈到了全球水污染的问题，这个问题导致发展中国家死了很多人。他又继续谈到了紫外线和微型滤波器可以净化

---

① 原文还有"都被修理"的意思

水。此时，在布洛考右肩膀上方出现了一家公司的注册商标和名字，这家公司拥有带专利的机器，可以把污水处理成干净水，甚至可以当矿泉水卖。几百万电视观众此时才明白——包括几百位对冲基金经理、共同基金分析师、经纪人和日内交易者也明白了——这家公司不是我们持有的公司，而是它的竞争对手！

震惊之余，我立刻怀疑这不是真的，肯定是哪里搞错了，肯定是国家广播公司电视台把公司名字搞错了，明天一定会有人进行公关并改正这个错误的信息。这对于我持有的公司来说，也许反而是件好事。人们会投资于这个板块，我们的小公司会成长为1996年的水净化大公司！

当我再次回到布洛考的访谈时，我很认真地看着CEO从机器里面取了一杯水喝了。人们说这水就是未来流入市政供水系统的水。难怪工业分析人士对生产可饮用水如此有信心。我希望第二天早上会有成千上万的人打电话到经纪公司要求买入这么好的公司的股票，我又兴奋了。

一切都很好——直到布洛考最后又问了一个问题："你的机器何时上市？"这是很合理的问题，像布洛考这样的知名记者这么问是合理的。直到今天，这位CEO的具体回答——包括他的音调、语调和他的语气节奏——我都印在脑子里面了。他说："哦，这个造价太昂贵了，目前还无法上市。"布洛考继续逼问："那么……要多久才能把成本降下来？"CEO回答说："嗯，也许要15年，或者20年。"

事情的经过就是这样，我已经无能为力了。当时还没有夜间电子盘，想逃也逃不掉，我只有等。我在当晚已经想到了，第二天早上所有的人都想提前卖出，交易者的卖单会蜂拥而出，开盘价和随后的价格必然是快速下跌——提前退休没戏了！果然没错，第二天的开盘价是1.75美元，已经在我的成本价之下了。在我前面的卖单太多了，等到我的卖单被成交时，价格已经跌到了1.38美元，包括佣金在内我亏损了3500美元。我的交易账户被蒸发了。由于羞愧和自责，我第二天把账户的钱转走了，并把账户注销了。

即使经历了这么尴尬的事，我还是对交易感到着迷。第二年暑假我又去教书，用5000美元开了一个小账户。这次我决定要做正确的事。我要把自己变成一个长线买入并持有的价值投资者，我要做基本派的高手，我要对自己的财富负责。我已经阅读了林奇、巴菲特、茨威格和欧奈尔的书，我明白了必须找一家公司，这家公司具有神奇的成长性、超强的定价权、手上现金很多、几乎没有负债、产品热销、前景美好。我知道像微软、沃尔玛、星巴克这样的公司会让我致富的。你只要在它们的成长性被大众知道之前买入就行了，坚持持有，等股票拆分了10来次后，你把股票卖掉就能赚钱了。

在这种思想的指导下，我开始寻找未来的大公司。我找到的公司都是天生很能赚钱的公司，公司没有任何问题。只是我当时不知道1997年夏天并不适合于开仓做多。除了科技板块和互联网板块在狂涨，整个市场是横盘振荡的，标准普尔横盘振荡了4个月，然后在年中从最高点下跌了13%。我就是在那种情况下决定做一个成功的长线投资者的。

研究了几天后，我买入了一家小公司，这家公司为航空业提供诊断仪器。媒体披露说这家公司和几家大的航空公司有合同关系。这家公司的管理层过去都有成功的职业生涯。这家公司负债不多，手上的现金很多，竞争能力强。这家公司符合巴菲特的口味，产品好、管理好、生意前景好，他们会把我的资金带向辉煌的。可惜的是，我找错了板块，随着航空业利润的降低，我的小公司很快就不行了，股价从5美元跌到了1美元之下，然后又被纳斯达克停牌了，最后这家公司终于破产了。

后来我又买了一家电器交易商的股票，它的市盈率超级低，没有负债，媒体报道也不错。市场回调时，它的表现很好，最近又请了一位新的CEO。而且这家公司最近完成了很多小并购，这样能确保他们在这个行业的地位。可惜运气不好，沃尔玛、百思买、电路城公司都在扩张，我的小公司竞争力不行。我又亏损了。

我决定再尝试一次买入并持有的策略。我的钱不多了（1000美元左右），我买入了在戴尔和思科之后必须买的股票，这家公司名字是拉丁文演变过来的，叫高通。

10月底，整个市场的指数离开了底部，看起来要突破到新高。所以我用剩下来的钱赌高通，结果它在3周内跌了40%。因为我是长线持有，所以我就认真地持有着。我持有了半年，它一会儿涨，一会儿跌，又涨又跌。最后，我在成本价下面一点点把它卖掉了，我受不了这种恶心的涨涨跌跌。不到1年，这只股票涨了25倍，你不知道我是多么的心痛啊！如果我坚持持有价值1000美元左右的股票，那么我的总资金在一年后就会到达2.5万美元。惨啊！

也就是在那时我定了3个原则：

- 不根据聊天室的消息做交易
- 不根据新闻报道做交易

- 不根据经济或商业预测做交易

不得不承认，要想成为交易者，我还是有缺点的，我还没有完全准备好。我以前的教育背景令人尴尬，学的既不是经济，也不是商业管理。我还记得在大学上经济课时讲到的供需曲线，但我早就忘了微观经济学和宏观经济学的关系了。因此我决定把基本面分析留给专业人士去研究，早就有一大群人在那里追逐消息或新闻报道了，我不想和他们一样。

如果我想交易成功——这是决心的问题——我得找到一个交易方法，这个方法必须适合我的经历、我的性格，还要照顾到我的全职教授工作。研究了几周后，我认为我要学技术分析，要研究根据价格模式识别建立起来的纯数学的方法。

先这样思考：基本面分析是根据资产负债表、盈利预期、行业周期、产品开发等无数因素做分析。任何人，即使他的商业理论知识非常丰富，他如何能综合考虑到所有的因素？你不但要知道你所投资的公司的方方面面，你还要知道这家公司竞争对手的方方面面，还要知道它们所在的行业……还要把这些知识和全国、全球的经济大环境做比较。老实说，谁有那么多时间啊？

再这样思考：如果股价已经包含了公司的一切，情况会如何？这是技术分析的重要假设前提。如果股价上涨，市场对公司的前途有信心；如果股价下跌，市场就没有信心，就这么简单。技术分析节约了千千万万个小时，任何教育背景的人都可以使用，如果用得恰当，效果会很好。

故我决定只用技术分析来发现买卖信号。技术分析相关的纪律要求和我的教育背景可以很好地结合起来：作为古文化学者，我既懂语言方面的客观知识，又懂主观方面的解读艺术。对我来说，技术分析就是把这两者结合起来。

技术分析不研究损益表和资产负债表，它研究的是价格图表。价格图表显示了股价在过去的价格波动和成交量，它显示的是股价过去的波动。图表分析派人士部分是历史学家、部分是心理学家、部分是哲学家。根据经验，如果能知道过去的价格模式，就能知道股市现在的心理状态，也能知道股票在未来可能会怎么样。换句话说，金融界的技术分析人士就相当于学术界的自由艺术分子：他们都非常懂艺术方面的估值、解读和应用。

当决定研究技术分析后，我就去找导师了。我报名参加了某个人举办的研讨会，不过我不能讲他的名字，因为他后来被证券交易委员会判定为诈骗。这个人教的东西其实就是书本中的一些基础的技术分析方法。他在研讨会上教我们如何用均线判断趋势的方向和强度，用振荡指标决定进场点和出场点。直到今天，我还是认为这两个指标是最可靠的。因为我的"和趋势做朋友"系统就是根据他的思想开发的，所以我仍然要向他表示感谢。

我在亚马逊网站搜索时找到了第二位导师亚历山大·艾尔德博士。他在1993年的畅销书《以交易为生》成为交易界的经典著作，我高度推荐技术分析派人士都看看这本书。艾尔德是专业的心理医生，因为我没有华尔街或商学院的背景，所以我见到了他就像见到了亲人一样。

我从艾尔德那里学到了大部分技术指标的知识，知道了振荡指标和价格模式下面的市场心理状态。我学会了趋势线，并知道如何用趋势线来衡量价格波动模式。更重要的是我学会了识别价格和振荡指标之间的背离，这种背离给出了市场心理的线索。

我还参加了其他研讨会，我和韦尔斯·韦尔德学习如何把各种指标和趋势线结合起来使用。我从史蒂夫·尼森那里学到了 K 线知识。我不但阅读了所有日内交易的畅销书，还阅读了所有关于股市的书、关于华尔街历史的书、几位高手的自传。拥有了这些知识后，我开始测试各种技术系统，看看它们能不能捕捉到赚钱的机会。我在本书中讲趋势交易时会提到这些系统。我用自己开发的技术系统来判断股票趋势的性质和强度，然后再用其他系统来提示短线的买卖机会。

这些系统使用了 4 种不同的方法（并非是按照以下顺序使用的）：

- 价格模式（用趋势线和通道线决定）
- 均线
- 振荡指标（我经常使用的 5 个核心的指标分别是 MACD、随机指标、RSI、CCI 和 OBV）
- K 线

本质上，成功的看图技术就是为了搞懂两件事：现在的价格和过去的价格。过去的价格对现在的价格有一定的意义，这就是价格模式关注的东西。均线则是让我们用平滑的曲线看见过去的价格和现在的价格之间的关系。各种振荡指标则是让我们看见过去的价格和现在的价格之间的数学关系。K 线则是用图表表明了目前的收盘价和股价每天波幅之间的关系。

定义：价格趋势指在价格图表上面股价的方向，可以是上涨的，也可以是下跌的。如果股票没有趋势，只是在交易区间上下波动，我们称之为没有趋势或叫振荡的市场。

这4种解释股票过去的价格和现在的价格之间关系的方法和哲学家使用的工具是一样的（逻辑、知识理论、形而上学，等等），这样他或她就能把古代的智慧应用到现代的问题上面了。

所以我决定用实战来测试我的系统。为了把事情做好，我知道要寻找有经验的人给我提供帮助。最后，我加入了一个网上交易论坛"硅谷投资者"。我从1998年7月开始和他们讨论我的系统"和趋势交易做朋友"，很快这个系统成为最受欢迎的系统之一。我发了几十天的帖子，说明如何把这些因素很好地融于一个有用的赚钱系统。我每天贴出我选出的股票并随后贴出交易结果，以说明是赚钱了，还是亏钱了。很快更有经验的交易者参与了讨论，他们提出了建议和帮助。我们的关系变得更加密切，大家互相帮助。一年下来，我们的利润都是持续增长的，有时候赚得很多。

虽然当时没人知道，但很多人会永远记住1999年——至少是交易者们会记得——这一年科技股狂涨。纳斯达克市场走了一个大抛物线型。投资了高通、思科、雅虎和亚马逊的服务员和理发师都宣布退休了。每个人都在交易股票、谈论股票、天花乱坠地吹股票。交易者们都很时髦、性感、富有（每个人都这么想）。媒体像对待摇滚歌星一样地去采访他们，他们在《早安美国》和《今夜脱口秀》节目上露面。银行家、医生、牙医、律师都放弃了6位数的工资收入，他们穿着睡衣坐到电脑前面做日内交易。一年半以后，市场崩盘了，人们再也不好意思谈论日内交易了。即使在那个时候，狂欢聚会才刚刚开始，狂欢聚会永远不缺狂欢者。

只有少数人在那些令人陶醉的日子里赚了很多钱，其中大家都知道的一个人叫丹·兹旺格，他在1999年把1.1万美元增值到了1400万美元；另外一个人叫"瓦肖"，他靠交易卡赚了15万美元，他的经纪人把他的账户缩小到了3万美元，他就把这3万美元增值到了700万美元。

我们做得也不错，我在硅谷投资者实验性的交易也很赚钱。由于追逐市场波动的能力还是不够强，我当时还在提炼系统，所以我买的股票都是知名的大盘股。我们的收益没有纳斯达克那么多（86%），但第一年确实赚钱了。

2000年到来了，2000年是算总账的一年。2000年的喧嚣之后，在头一年不怎么提到的词汇开始被人们谈论了，比如：估值、持续性和泡沫。赚了钱的人在兑现利润，后来的人又想买入，这种碰撞导致股价在日内的波动性涨到了原来的5倍。其实快速致富的黄金潮已经过去了，但是大部分交易者和投资者在半年后才明白这点。在这段期间内股价每天的波动都很厉害，这种波动让后来者"鳄鱼先生"史蒂夫·欧文都望而生畏。

我就是在那个环境下开始测试我的BTTT-MAX交易系统的，BTTT代表"和趋势交易做朋友"（我们公司的名字），MAX则代表均线交叉。你可以用这个系统一直投资一只或几只波动最厉害的股票。你需要看日内的小时图，如果均线金叉，你就做多；如果均线死叉，你就立即平仓并做空。因为在波动剧烈的市场中几个小时就会出现一次信号，BTTT-MAX可以快速地利用日间的波动赚到丰厚的收益。

我永远不会忘记使用BTTT-MAX第一次真金白银实验性实战的经历。当时大学正放寒假，我正在用电脑研究交易。我用MAX测试的第一只股票叫NOVL，这只股票的价格是30多美元，到了年底前，它的价格跌到了几美元。我一开始买入 100 股，根据小时图的信号交易。交易了 3 天以后我的账户有了 800 美元，这钱赚得好轻松！我有了信心，加大了交易仓位。我用这个系统同时交易 4 只股票，两天后我的账户又赚了 2200 美元。当我的大学同学们正在整理自己家的草坪时，我只是通过每小时点几下鼠标就赚了 3000 美元。更精彩的还在后面呢，我的 MAX 系统利用市场的超级行情最终赚了 5 倍多！

消息很快就传开了，人们说一个研究宗教的教授开发了一个简单的系统，能把混乱的市场变成金库。硅谷投资者网站连续几周被评为最热门的网站，很多人打电话给我，要求采访我。《华尔街日报》想知道股市会不会上涨并涨到 2000 年 3 月的最高点。我现在不记得自己当时具体是怎么说的了，但基本上是这样说的："这真的不重要，重要的是要有一个系统（像 BTT-MAX 一样），这个系统能在任何市场赚钱！"

《美国新闻》和《世界报道》后来报道了兼职的日内交易者的故事，同时把我放在它们的封面上。这篇报道还用整幅的彩页刊登了"斯托克博士"坐在狭小的大学办公室里面的照片。但是我不知道这篇报道讲述的是亏损的交易者，我当时正好有一周没赚钱。我接受了 3 个小时的采访，这篇报道却只引用了我交易 JNPR 亏损了 1500 美元的事。这件事让我明白了媒体喜欢从负面来报道交易者（比如贪婪、不负责任、和社会格格不入、弃学），所以从那以后我拒绝了所有媒体的采访。

季节性交易者都知道像 BTTT-MAX 这样的系统在市场环境发生变化时就不好用了。事实确实如此，我的利润开始减少了。我把系统又提炼了一下，也就是说当市场环境发生变化时停止交易，我自己也怀疑会不会再等到像 2000 年夏天这么神奇的时期，使用系统就能获得高收益。

市场泡沫破裂以后，BTTT-MAX 带来的狂喜消失了，我就努力开发"和趋势交易做朋友"系统。我们在 2002 年开了一个网站，叫 befriend-thetrend.com，我还创办了免费的业务通讯邮件，每周用各种系统找一只最好的股票推荐出去。5 年后的今天，我们越来越强，有 7000 个人订阅了我们的业务通讯邮件。这些年我们还创办了 3 种收费的业务通讯邮件；出版了 6 本交易手册，卖得很红火；我们还举办了两次研讨会。2005 年 3 月我和一家资金管理公司合作，我负责管理加拿大皇家银行卡林证券和高盛的"和趋势做朋友"基金，为有资格的投资者提供服务，这是我最后一次合伙创业。没错，我还在大学教书（我很享受教书），我教的是哲学和宗教。

自从 20 世纪 90 年代末市场几乎是垂直上涨以后，日子就不好过了。整体市场的指数在越来越狭窄的交易区间内振荡，证券交易委员会和美联储忙着打压过度投机。当我写到这里时，大部分市场指标（VIX、布林通道宽度、期权本金，等等）正从历史最低点往上涨。全球和本地的经济环境已经考虑到了恐怖主义、石油价格上涨和自然灾害等问题。现在市场预言家讲的不是估值，也不是泡沫，而是地理政治。日内交易者退出了市场，对冲基金经理——对市场的波动性更能造成强大影响的人——进场了。最近，美林和高盛因为很多交易员没有赚钱而把他们开除了。市场就是这么残酷！

好消息是，无论市场状况如何，只要使用合适的系统你就能增加收入，但你要多点耐心。如果你耐心好，甚至能致富。学习专业术语要花点时间，研究图表相当于学习一门外语。但是只要你把艰难的时段熬过去了，你多年辛苦后就会掌握很多东西。你就能学会如何选股，如何建仓，如何尽量扩大利润，如何尽量缩小风险。我在这里讲的交易系统几乎100%是机械的。每个系统都是完整的，我不会只教你几个基本原则，然后就不管了。我把所有必要的工作都做了，你只要复制我的东西就行了。

总而言之：如果我能做到，你就能做到！无论你的教育背景如何，你的交易经验如何，你是否对数字敏感，你都能做到以交易为生。你会区分一条线是上涨或下跌的吗？你会点击鼠标吗？既然你会，你就能以交易为生。我们befriendthetrend.com网站的所有同仁预祝你走上美妙的趋势交易之路。

第一部分 绪论 ... 1

第1章 起步时需要什么 ... 3
第2章 成为一个研读图表的人 ... 10
第3章 形成交易者的思想 ... 37
第4章 成功交易者的10个习惯 ... 45

第二部分 趋势交易的基础知识 ... 53

第5章 什么是趋势交易? ... 55
第6章 设置观察列表 ... 63
第7章 确定整体市场的方向 ... 72
第8章 测试你解读市场的技术 ... 89

第三部分 开始趋势交易 ... 105

第9章 选择上涨的股票进行趋势交易 ... 107
第10章 选择下跌的股票进行趋势交易 ... 138
第11章 进场和出场 ... 170

第四部分　用期权做趋势交易 …………………………… 181
第 12 章　期权基础知识 ………………………………… 183
第 13 章　期权策略：上涨趋势 ………………………… 204
第 14 章　期权策略：看跌趋势 ………………………… 209
第 15 章　期权策略：中性 ……………………………… 212

第五部分　以交易为生 ……………………………………… 233
第 16 章　伟大的愿景：趋势交易能把你带到哪里 …… 235

结　语 ………………………………………………………… 248
关于作者 ……………………………………………………… 250
译者后记 ……………………………………………………… 252

PART ONE

第一部分 绪论

第1章 起步时需要什么

趋势交易是理想的在家创业项目。没有库存、没有运输、没有烦人的客户、没有恶语相向、没有挖空心思的销售手段。你不必到小商小贩那里去进货，然后拿到ebay上去卖。交易和房地产投资也不同，交易者不必做维修工作，也不必担心哪个租客拖房租；不会有沃尔玛和你竞争；没有加盟费、不必请员工、不必请律师。

当然了，启动资金还是要的，没错，每个月还是有一些支出的。然而和其他生意比，趋势交易的门槛比其他生意低。不过每年想赚90%以上也是很难的！

如果你想舒服地赚钱，你所需要的东西是一张好椅子、一台新电脑、宽屏显示器、高速上网连接、一些软件、一台计算器、纸和笔，这就够了。我估计大部分人都有这些东西了，如果你没有，那么我就讲讲更重要东西。

硬件

我建议要买比较新的电脑或苹果电脑。因为大部分软件都是在windows操作系统上使用的，所以你的电脑要安装windows操作系统。随着苹果电脑的快速发展，未来这个局面会改变的，但是现在大部分交易软件还是只能运行在 windows 操作系统中。

电脑处理器的速度没有内存的速度重要。确切地说，处理器速度越快越好，实际上如今最便宜的新电脑也足够应付交易所需了。但是不能忽视内存，内存足够大，你在运行交易软件、图表软件、新闻数据、几个网页浏览器时才不会因为过载而死机。500 兆的内存可以同时运行大部分交易软件和图表软件，但是 1G 的更好，更不会出问题。

显示器是很重要的交易工具。原则上是越大越好，所以笔记本电脑不太适合做交易，你出门在外或需要多台显示器的时候可以考虑用笔记本电脑。我经常在本地的星巴克无线上网做交易。你要尽量做到能同时打开交易软件、图表软件、行情软件、自选股、《和趋势做朋友》业务通讯邮件，你很快就会明白为何电脑的配置高点好。有些交易者在交易的时候同时使用几个显示器，如果你买得起，这个主意是不错的。也许你的电脑显卡要支持多显示器，不过这个投资是值得的。

市面上还有专门为交易者设计的多显示器和贴瓷显示器。这种显示器可以有 100 英寸那么大：太奢侈了，太贵了，每个型号的售价都在 5000 美元以上。我个人则是使用一台 24 寸平面的高分辨率显示器，对我的交易也没什么不良影响。如果你每天盯着 14 英寸的屏幕做交易那就太难受了！

如果你想同时使用多台显示器，你也支付得起，我建议你选择数字老虎公司的产品（希望他们没有倒闭）。他们生产的显示器多达 7 面，其中 1 面是电视显示器。想想吧，你用 1 面看美国全国广播公司财经频道节目，1 面看彭博资讯，用其他几面看交易软件、各种图表、网上聊天室、论坛、《和趋势做朋友》业务通讯邮件,这简直就是在天堂里面做交易啊!他们还生产一种产品,能让你在笔记本电脑上面增加多台显示器(如果是这样,还能叫笔记本电脑吗?)。

软件

账户起始资金的大小决定了你使用什么样的软件。如果你的起始资金小于1万美元,那么尽量买便宜的数据和图表服务(记住,我一开始只花了5000美元)。如果你的账户有2.5万美元,你可以上升到更高的一个层次,我会告诉你怎么做。如果你运气好,账户里面有5万美元以上,那么我会告诉你不同服务公司的具体情况,让你更好地做好交易。

事实上要想安全地做交易赚钱,你根本不用花钱买软件。网上有很多免费资源,很多功能软件都是可以免费下载使用的。当然了,他们希望你喜欢上他们的产品,然后让你花钱去升级。但大部分情况下你不必花什么钱就能实现交易赚钱。

在这些提供免费服务的公司中,你应该首先去stockcharts.com网站,这里的图表是免费的。你只要在注册的时候同意使用延时20分钟的数据,并选择好你的技术指标、一些自选股、板块和市场宽度分析等功能就行了。你可以把无数个小图表存到你的观察列表里面(迟点再解释)。或者再花一点点钱,stockcharts.com能让你看实时的图表和使用无数个功能。

你可以从你的经纪公司那里得到实时行情,如果你和我一样喜欢免费的行情,你可以下载杰瑞·米德的得过奖的"行情跟踪者（quotetracker）"软件。这个软件是免费的，数据源有几十个，大部分网上经纪公司和实时图表软件的服务它都有。行情跟踪者提供 level 2 行情、实时行情、价格预警、新闻——都是免费的！这个软件有广告栏，时不时弹出广告，但是你只要付点小钱（相当于一笔交易的佣金）你就能得到不带广告的版本。如果你想了解更多信息或下载这个软件，请到 quotetracker.com 网站。

如果你想把自己的交易提高一个层次，你想更好地控制进场点和出场点，那么你就需要实时图表软件。虽然行情跟踪者提供实时的免费图表，但是很多人发现图表格式不好用。可以说大部分网上经纪公司的图表都不好用。我建议你使用"智商图表（iqcharts）"，这家公司的服务价格中等，提供实时的独立的图表，包含了所有的指标，日内图表也是实时更新的，它可以让你把几十个股票放进观察列表，并有自动播放功能，原版的和定制版的都包含了技术面和基本面的参数。智商图表也是目前唯一能用在苹果电脑上的实时图表软件。

另外一个定价中等的产品是 TC2000，它不但是实时的图表软件，还提供了公司创建者沃登兄弟对股票的咨询建议指导。这个软件还有论坛功能，交易者可以实时聊天，沃登兄弟则对所有付费用户每天提供免费的市场评论。

最高层次的交易涉及的钱也多。如果你能支付每月 125 美元的实时图表费用（如果你想要期货数据，价格更贵），我推荐 3 个软件：quote.com、esignal 和 realtick。这 3 种软件我都用过，它们的差别不大，说不清哪个更好。如果你的资金不多，你要花点时间才能上手。一旦你上手了，你就会想自己的交易资金不能太少。如果你想用我们的趋势交易系统做日内交易，那么我强烈建议你任选两种产品的服务就够了。

市面上的交易软件很多，除了你的经纪公司提供的交易软件，还有stockcharts.com提供的会员版软件，这是实时的，其实有了这些就能交易赚钱了。然而有些交易者觉得做研究也很有乐趣，对他们来说，他们不缺软件，他们可以购买网上的服务，也可以订阅能提高他们能力的产品服务，这样就可以研究好技术、经济、周期和基本面。

我可以推荐两家公司的产品，一个是metastock，这个软件可以让你测试自己的交易系统；另一个是vectorvest，它根据特定的基本面或技术参数每天分析所有股票并给出排名。再次说明，要想把交易做好，你每个月花10到50美元买些基本服务就行了。

网络服务提供商

能提供上网服务的公司太多了。有电话拨号上网、有高速拨号上网、有高速数据网络、DSL、卫星宽带、有线电视宽带和T-1线路。我总是使用有线电视服务提供商的服务，再慢的速度我就不能接受了。但是在做日内交易的时候，数据的流畅性特别重要。

很多订阅《和趋势交易做朋友》业务通讯邮件的用户采用电话拨号上网做交易，还做得很好。要想在下单的同时看着自己的仓位情况，电话拨号的速度通常是不够的。还好，美国大部分时区的市场不会遇到可怕的电话占线，数据传输慢等"塞车"现象。如果你订阅了我们的业务通讯邮件（任何邮件都行），你就不必在网上做研究了，如此一来上网速度就不那么重要了。如果你还要自己做研究——每天了解市场并检查观察列表里面的股票——那么选择宽带服务就可以节约大量的时间。

我每年经常出差，出差时我总是选择提供高速上网的酒店，不过偶尔没办法时也要电话拨号上网。如果你不必像闪电那么快地交易，其实效果是一样的。我建议把拨号上网方式作为备用方式，一旦有线电视或高速上网出问题了，你就可以拨号上网。我建议使用"净零"公司提供的高速拨号上网服务，每个月只要15美元，这样你就能保证随时能上网。

最后要提到的方法就是卫星上网，利用手机信号连接笔记本电脑就行了。这个服务比较贵，每个月要100美元左右，前不久它们的速度还是很慢，不划算。然而，现在的速度快了很多，有了这个服务，你几乎可以在全世界的任何地方进行交易。

网上经纪公司

关于网上经纪公司我快速讲解一下：你需要找到优秀的，便宜的，你感觉交易很舒服的网上经纪公司。我在这么多年的交易过程中把大部分网上经纪公司都用过了，它们分别是：Schwab、Datek、E*Trade、Suretrade、Scottrade、Investrade、Interactive Brokers 和 MB（有些公司已经停业了）。他们都提供佣金打折优惠——有些折扣比较多——交易界面也很友好，账户好管理。

目前我在 Interactive Brokers（IB）有个账户。我通过一家主要的经纪公司（高盛，他们用 REDIPlus 平台）交易"和趋势做朋友"基金。我向所有人推荐 IB 公司，我觉得他们很可靠，收费也不贵（交易100股的费用是1美元，甚至更少），他们的账户管理功能很好。有些人发现工作平台不好用，在交易时其用户体验是繁锁得令人晕头转向。

另外我还推荐 MB 这家公司，他们的价格和 IB 一样，但是对于数量无限大交易，他们的价格是每笔交易收 9.95 美元。对于大户或交易低价股的人来说，这个条件很吸引人。我发现他们的交易软件 mbt navigator 要比 IB 的交易软件 trader workstation 更加好用，不过 IB 也升级了他们的软件，这样一来这两个软件的差距就小了。

第 2 章　成为一个研读图表的人

我在随后的几章里面会具体介绍我是如何选择交易机会的，很多期《和趋势交易做朋友》业务通讯邮件已经讲到了这些内容。请记住重要的一点：选股很简单，知道何时进场何时出场才是最难的，最重要的则是执行交易。本章会讨论如何进场，如何出场。

在进行实战交易之前，我们要先讲讲技术分析交易中最重要的因素：价格图表。我在本节会说明设置并解读图表的方法，以选择交易机会并查看仓位情况。

指标

首先要做的事就是在图表上设置好默认的指标参数，这样才能在技术上做出好的交易决定。我个人使用两种图表：stockcharts.com 提供的延时图表，我认为这是网络上最好的服务。只要订阅了他们的服务（每个月大约 10 美元），你可以按照我教的方式设置所有的参数、指标和后面会教的筛选功能。他们的图表很好看，可以有多种美化方式。最近 stockcharts.com 又提供了实时数据服务，只要每个月多给一点点服务费就行了。

由于这些图表并不能立即更新，要做一下设置，让它每 15 秒自动更新一次。

我使用的第二个产品是 esignal 的基本图表服务，有实时股票、期权和期货数据。观察列表可以放入无数只股票，只要随便点一下鼠标就能实时地上下滚动看到它们。我购买的软件版本很贵，成本太高，不过我认为还是值得的。esignal 的普通版可以在任意时间框架内实时自动更新图表，它的图表格式最好看。

如果你使用 esignal 或类似的 quote.com 或 realtick 的图表服务，你可以同时显示同一只股票的不同时期的图表。只要点点鼠标，你就可以查看不同股票的周线图、日线图和各种日内图。iqcharts 和 tc2000 没有这么复杂，但可以在不同的时间框架内看多张图，但是这些图不太连贯，不稳定。对于一般的交易，它们也是够用了；如果要分秒必争，也找不到更高质量的图表。

无论选择哪家的产品服务，默认的图表必须有以下这些指标：

- 简单移动平均线（SMA）：20 天均线、50 天均线、200 天均线。
- 指数平滑异同移动平均线（MACD）：参数是 12、26、9。
- 随机指标：参数是 5、3 或 5、3、3。
- 能量潮（OBV）。
- 相对强弱指数（RSI）：参数是 5。
- 商品通道指数（CCI）：参数是 20。

如果你现在感到头昏，不要担心。以下是对这些指标的介绍以及使用方法。

简单移动平均线（SMA）：20 天均线、50 天均线、200 天均线

- 理论：均线计算的是一段时期内股价的均值（也就是一致认同的值）。20 天均线就是 20 天内的均值，以此类推。简单均线就是指价格的权重是一样的。

- 解读指标：简单均线代表了在一段特定的时期内价格的均值。如果价格离均值很远，均值就像磁铁一样地把价格吸过来。简单均线似乎是价格的障碍，它总是想把趋势停下来。简单均线也能预示趋势：如果简单均线向上，价格趋势就是上涨的；如果简单均线向下，价格趋势是下跌的。如果均线的坡度陡，趋势就强；如果均线的坡度不陡，趋势就弱。如果简单均线是横着的，或上下摆动，那么说明市场是振荡的。

- 用法：
  - 显示支撑区和阻力区。
  - 决定目前趋势的方向和强度。

- 图例：图 2.1 显示了 SPY（标准普尔 500 基金的代码是 SPY。译者注：此处文字有误，从下图看，应该是道琼斯工业平均指数的图）、20 天均线（虚线）和 50 天均线（实线）。请注意在图的左边上涨的坡度如何确认了上涨的趋势，并做为上涨趋势的支撑；在图的右边，简单均线确认了价格的下跌。50 天均线在图右边 1/3 处是横的，这表明市场是振荡的。

图 2.1　道琼斯工业平均指数和 20 天、50 天均线

指数平滑异同移动平均线（MACD）：参数是 12、26、9；还有柱状图（MACD 数值的柱状表示）

- 理论：MACD 计算的是两条均线的差值，一条是短期均线，另一条是长期均线。MACD 认为如果两条均线背离，那么目前的价格趋势在变强；如果两条均线聚集在一起，那么趋势的强度在减弱。参数设置如下：12 天均线（短期的）、26 天均线（长期的）、两条均线差值的 9 天均线。
- 解读指标：如果 MACD 的值是正数（在 0 轴以上），则多头在控制市场；如果数值在 0 轴以下，则空头在控制市场。柱形的高度可以决定趋势的强度：柱形越高，趋势越强（反之亦然）。MACD 信号线和柱形都能表明价格的看涨背离或看跌背离，并给出交易信号（迟点再解释背离的意思）。MACD 的值从正数变成负数，或从负数变成正数并不是交易信号，因为它们落后于市场。
- 用法：
  - 当它和价格背离时作为反向指标。
  - 决定价格趋势的强势和弱势。
  - 决定市场是看多的或看空的。
- 图例：在图 2.2 中，上面是 SPY 的图，下面是 MACD 图，此图显示了指标和价格之间的有趣关系。请注意当上涨趋势快走到头时，虽然价格在创造新高，但 MACD 无法创造新高了。这意味着弱势，或者说是看跌背离。还要注意 MACD 在 0 轴上下波动和价格的关系。很明显，这些波动不能当作交易信号用，因为太迟钝了，但是在指明这个市场的整体情绪（看涨或看空）方面还是有价值的。

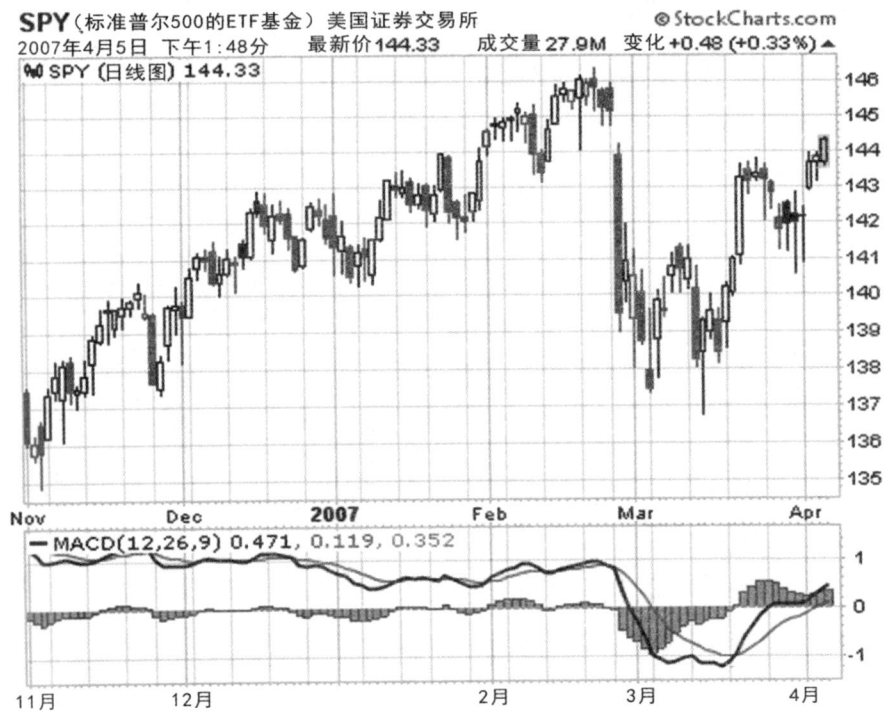

图 2.2　SPY 和 MACD 指标

随机指标，参数分别是（%K）5 和（%D）3

- 理论：随机指标衡量一段时期内最近的收盘价和价格波幅（最高价到最低价）之间的关系。下跌的振荡指标表明价格趋向于收盘在最近交易区间的下档（看跌）；上涨的随机指标表明价格倾向于收盘在交易区间的上档（看涨）。%D 是%K 在一段时期内的均值（译者注：%K 就是指随机指标）。

- 解读指标：当随机指标低于 20 时（表明超卖了）且%K 和%D 金叉，则给出买入信号；当随机指标高于 80 时（表明超买了）且%K 和%D 死叉，则给出卖出信号。

- 用法：
  > 记录价格水平的超买和超卖。
  > 记录趋势交易的进场信号和出场信号。
  > 当它和价格背离时作为反向指标。

- 图例：在图 2.3 中，上面是 SPY，下面是随机指标（参数分别是 5 和 3）。请注意当随机指标低于 20 时（表明超卖了），价格经常会突然上涨。在上涨的趋势中，随机指标到了 80 以上（超买）时的信号并不可靠；但如果指数显示整体趋势比较弱，那么就提供了很赚钱的交易机会。

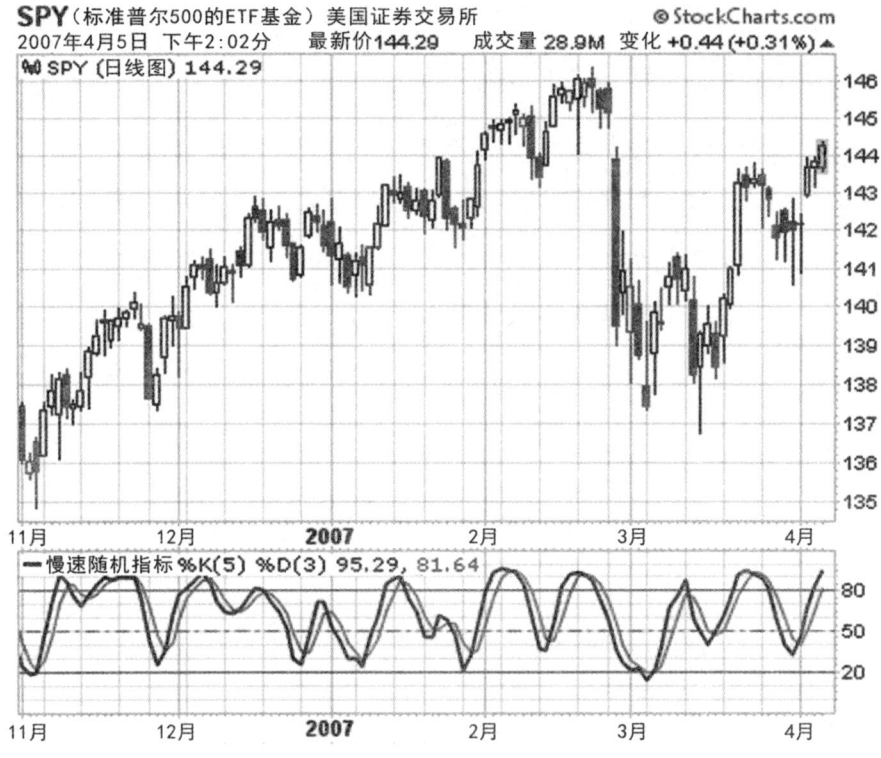

图 2.3 SPY 和随机指标

能量潮（OBV）

- 理论：OBV 的计算方法是上涨的交易日就把前一天的 OBV 加上这天的成交量；下跌的交易日就把前一天的 OBV 减去这天的成交量。它能反映一段时间内股票是在被收集（买的比卖的多）还是在被派发（卖的比买的多）。上涨的 OBV 表明在收集，下跌的 OBV 表明在派发。
- 研读指标：如果成交量支持确认了价格趋势，那么 OBV 会和价格保持一致，OBV 会随着价格的新高或新低也创造新高或新低。当 OBV 这么做的时候，它就确认了目前的趋势；如果 OBV 没有这么做，那么 OBV 就是反向指标。有时候 OBV 扮演领先指标：如果它比价格先涨，价格趋向于跟随；反之亦然，它会领先于价格下跌。

- 用法：
  ➢ 确认价格趋势和突破行情的有效性。
  ➢ 作为反向指标给出假突破和正在变弱趋势的信号。
  ➢ 作为领先指标在突破前先建立仓位。
- 图例：在图 2.4 中，SPY 在上面，OBV 在下面。OBV 被用来确认价格趋势。只要 OBV 创造了新高，就要买入看涨的趋势。但是请注意在 2 月底 OBV 出现了背离，价格创造了新高，但 OBV 没有创造新高，然后市场出现了严重的卖出。OBV 是对的——交易者在派发股票。

图 2.4　SPY 和 OBV 指标

相对强弱指数（RSI）：参数是 5

- 理论：RSI 的计算方法是一段时期内以收盘价计算的价格上涨变化的均值除以价格净变化的均值。当一段时期内这个数字上涨时，上涨的趋势就确认了；当这个数字下跌时，下跌的趋势就确认了。
- 解读指标：在主趋势中 RSI 应该和价格一致。当 RSI 和价格背离时，这表明可以交易，也许意味着目前趋势在一个顶部或底部。RSI 的值大于 70 表明价格处于超买的水平，小于 30 表明价格处于超卖的水平。
- 用法：
  - 作为反向指标，提前预示了可能的趋势反转。
  - 确认目前的趋势或价格突破的有效性。
  - 记录价格的超买和超卖水平。
- 图例：在图 2.5 中，上面是 SPY，下面是 RSI。RSI 和其他超卖/超买指标一样可以给我们发出买卖信号，但其他因素要配合才行。作为独立的指标，它最好就是用来表明背离。我们在图 2.5 中能看见 2 月底有明显的看跌背离，在 3 月中旬有看涨背离。

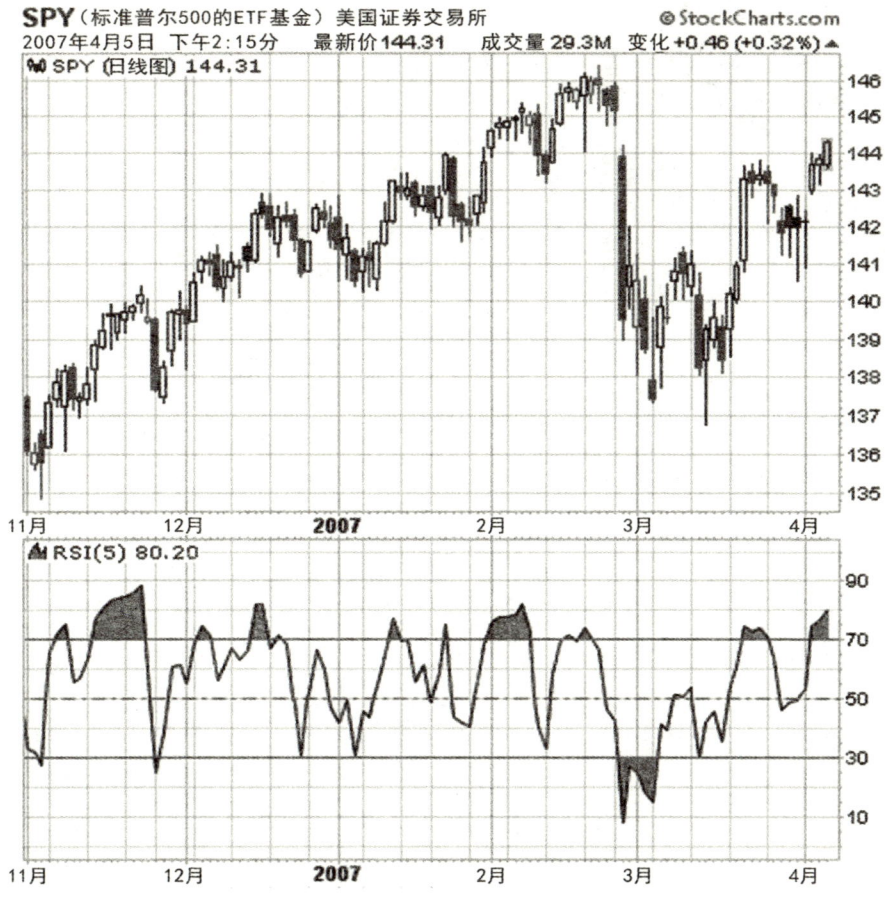

图 2.5 SPY 和 RSI 指标

商品通道指数（CCI）：参数是 20

- 理论：CCI 的计算方式是用一段时期内的标准偏差中值或价格均值除以价格的变化。这种方法算出来的曲线会说明目前的趋势相对于横盘市场的强弱。
- 解读指数：有些交易者把 CCI 指标（+200/−200）的超高和超低数字作为价格的波浪或周期信号。这个指标也可以像其他线性指标（RSI，OBV）一样当指标和价格背离时发出买卖信号。CCI 也可以在和价格背离时作为领先指标。如果市场基本是横盘的，同时CCI是上涨或下跌的，那么它可以给出价格的方向。
- 用法：
  - ➢ 作为反向指标预示可能的趋势反转。
  - ➢ 确认目前趋势的有效性。
  - ➢ 在大趋势中指示价格波动或周期的起始点。
- 图例：在图2.6中，上面是SPY，下面是CCI。像RSI指标一样，我们看见了2月底的看跌背离和3月中旬的看涨背离。CCI独特的能力是指出周期变化。2月底和3月初的超级看跌背离是周期变化的信号。短期的看跌周期似乎完了，新的看涨周期已经开始了。

图2.6　SPY和CCI指标

我在所有的趋势交易系统中都在一直使用这"6个性感"的指标。我偶尔也会使用其他指标，比如5日均线和8日均线的组合、布林通道、ADX、资金流，不过大多是在异常情况下才会使用的。对于大部分趋势交易，上面提到的指标已经够用了。

设置图表

现在该设置图表了。之前告诉你的指标都可以设置在图表上。无论是周线图、日线图或日内图，这些指标的设置是一样的。不管你的交易方式如何，本书中提到的趋势交易系统在所有时间框架下都是可以使用的。但是为了讲解方便，我们的例子都是使用日线图的。

有些指标的参数是默认值。但有些指标（随机指标、RSI 和 CCI）的参数我则设置得比较敏感，这样能帮助我们做好趋势交易。如果你愿意，可以自己修改参数，但我建议还是先尝试我推荐的参数。

图 2.7 是标准普尔 500ETF 基金的价格图表，代码是 SPY（Spyders），下面则是之前提到的所有指标。请注意几件事。

图 2.7　SPY 和所有的指标

- 第一，请关注这些均线是如何从一开始的胡乱无序，互相交叉没有给出任何趋势信号，到一段时期内都突然上涨的，20天均线（虚线）和50天均线（粗实线）金叉，50天均线和200天均线（细实线）金叉。这种变化叫从振荡到强势上涨趋势。我会在后面具体解释这两种市场状态。

- 请注意RSI、随机指标和CCI指标的超买超卖状况，并对照看看它们的值和价格的关系如何。并不是所有的超买和超卖都是有效的买卖信号，指标要和其他触发条件一起使用才好。超买和超卖可以变成非常超买和非常超卖，直到最后才瓦解。11月随机指标的持续超买行为和价格的关系（也就是一直在涨）就是明显的例子。

- 请注意OBV指标是如何和趋势线一起工作的——就像价格一样。在11月初突破了下跌趋势线是健康上涨的信号，在1月中突破上涨趋势线则是新的下跌趋势的信号。

- 请注意CCI在到达+/-200极限位置时是如何表明周期变化的。除了11月的最高点，图表上面的其他3个信号证明是赚钱的。CCI也能像OBV一样和趋势线一起使用。趋势线在10月中向上突破是买入信号。

- 最后请注意最后两个月的看跌背离。请注意即使SPY的价格创造了新高，但RSI和MACD指标没有创造新高。这是看跌背离，对多头是个危险信号。实际上几周后SPY在120.00附近下跌了。

图 2.8 SPY 和所有的指标

图 2.8 是另外一张 SPY 的图，是上面那张图一年前的图表。我已经重点标识了价格和几个指标的背离情况。当价格创造新高或新低时，如果指标没有确认，我们有一个模式能预示大行情。如果价格和一个或几个指标出现了背离，趋势交易者就不要管价格，按照指标的方向进行交易。请再次注意 OBV 指标和趋势线的一起使用，以及对趋势线的突破是如何预示价格方向的改变的。最后请看看这些指标，尤其是随机指标在主要的反转时是如何记录超买和超卖状况的。

趋势线和通道线

趋势交易中最重要的是要知道整体市场的方向，尤其是我们放在观察列表中的股票，它们是不是有趋势，如果有趋势，是什么样的趋势。我们用趋势线和通道线能解决这个问题。

趋势线和通道线是指包含了主价格波动中至少两个顶部和两个底部的线条。你用趋势线包含的顶部和底部越多，趋势越有效。通常我们建议趋势线至少要包含 3 个价格点。请注意这些点位不必是轴点（也就是最高点和最低点），只要 K 线碰到了趋势线就行了。

趋势线能帮助确认主要的趋势，价格倾向于在这个主要趋势中波动；通道线则是区分没有趋势的通道或在支撑点和压力点之间的交易区间。简而言之，这些线条能够让我们在视觉上轻松地知道股票是在上涨趋势中、下跌趋势中或交易区间中。另外，如果我们在图表的右边让这些线条延伸的话，我们能在视觉上知道股票在不久的将来有可能走到哪里。因此，趋势线在帮助我们做交易决定时有很大的价值。

在最低点下面画趋势线是用来衡量上涨趋势的；在最高点上面画趋势线是用来衡量下跌趋势的。一系列的越来越高的最低点表明空头越来越消极，多头越来越自信，我们就把这样的波动叫做上涨趋势；下跌趋势也是同理。在最低点下面的上涨趋势线同时伴随着最高点上面的水平趋势线仍然表明是上涨趋势；最高点上面的下跌趋势线同时伴随着最低点下面的水平趋势线仍然表明是下跌趋势。再次说明：在上涨趋势中，只有最低点算数；在下跌趋势中，只有最高点算数。

以下是理论上的上涨趋势和下跌趋势。请注意只有价格形态的某一边才能决定趋势：也就是上涨趋势的最低点和下跌趋势的最高点。图2.9是一个上涨趋势的例子。图2.10是一个下跌趋势的例子。

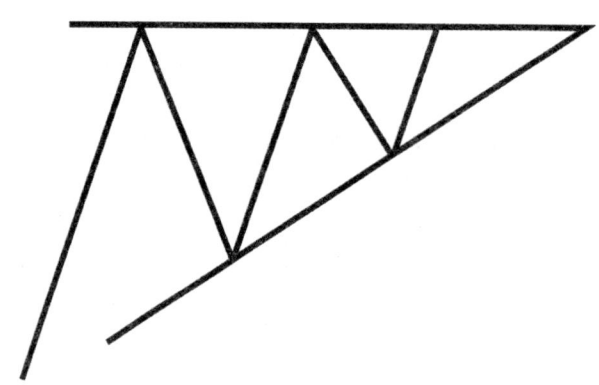

图2.9　越来越高的最低点决定的上涨趋势，
不是越来越高的最高点决定的

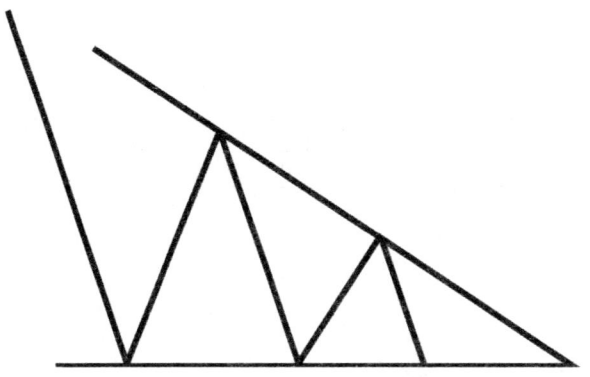

图2.10 一个下跌趋势,越来越低的最高点决定下跌趋势,不是越来越低的最低点决定的

如果两条趋势线——最高点上面的趋势线和最低点下面的趋势线——是水平的,那么我们就称之为交易通道或叫交易区间。股价就会在通道线之间上下波动,最终会突破上线或下线。如果上线被突破了,那么我们可以期待看见新的上涨趋势;如果下线被突破了,我们可以期待看见新的下跌趋势。如果上涨趋势线在最低点之下的同时下跌趋势线在最高点之上,道理也是一样的。这仍然是通道,不过我们称之为缩窄的通道,或叫三角形价格形态,对这个形态的任何突破也是可以交易的。

图2.11和图2.12是两个最常见的交易区间或通道例子。

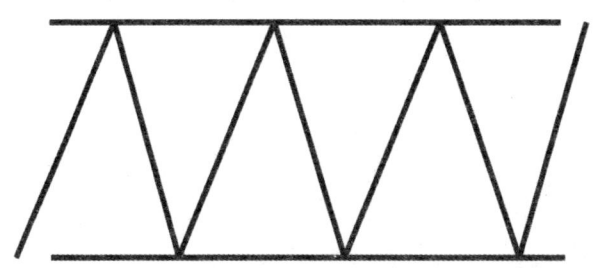

图2.11 一个振荡交易通道,或叫交易区间

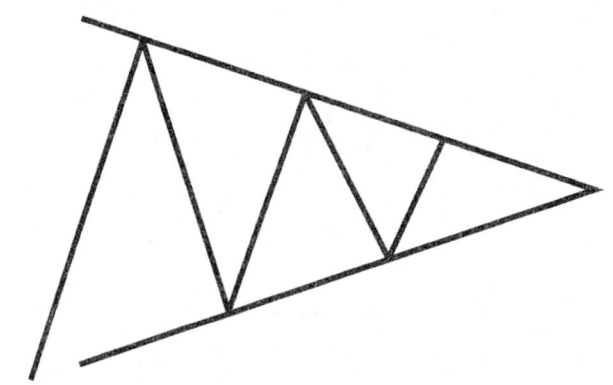

图 2.12 一个缩窄的交易区间，或叫三角形形态

趋势线和通道线都能这样使用：
- 决定价格趋势的状态：上涨、下跌或振荡。
- 预测未来的阻力点和支撑点。
- 计算出在哪里设置止损点。
- 根据价格的振荡情况预测突破行情。

图 2.13 是 BRCM 的图表，显示在 8 月的交易通道或交易区间被向上突破了。随后市场在短期内振荡，然后在 10 月继续下跌，到了 12 月又是上涨趋势。请注意一旦根据通道或趋势模式建立了仓位，空头仓位的止损点应该放在上趋势线的上面（虚线）；多头仓位的止损点应该放在下趋势线（实线）的下面。

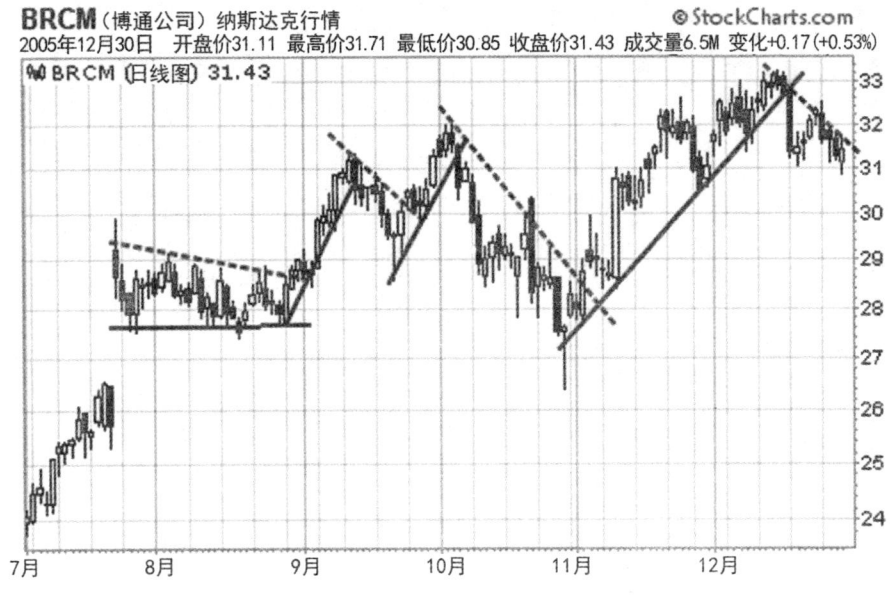

图 2.13　BRCM 股票和趋势线

图 2.14 是 BEAS 股票典型的交易区间或通道突破模式。这只股票连续 5 个月在上下 2.00（美元）的交易区间上窜下跳，最后终于向上突破了。股票长期振荡后突破等于发出了看涨信号，表明股票的价格要上涨。请注意，在 7 月底价格碰到了通道下线，那么把下面的趋势线向右延伸，延伸处就是很好的支撑点，当价格到了这里可以下单买入股票（上面的趋势线也是同理）。请注意，到了 11 月初价格突破了第二个交易区间的下趋势线，这是一个信号，表明此时应该平仓兑现利润。本图表说明了在 9 周时间内做趋势交易的收益有 40% 多：在趋势线的支撑区买（11.00 附近）入 BEAS，然后在 15.50 附近突破趋势时卖出。

图 2.14　BEAS 显示了价格通道突破

在使用趋势线和通道线的时候有两点要特别注意。第一，人们常常是根据自己的主观倾向画趋势线的。即使趋势线是用电脑画的，编写这个软件的程序员也有可能有主观倾向。这意味着要根据市场的变化客观地调整你的趋势线。如果我们对股票的方向有主观愿望的话，我们是很容易画出一个并不客观的趋势通道的。趋势线和一厢情愿的想法是危险的组合。正因为如此，在使用趋势线和通道线的时候要采用以下原则：

如果趋势线不能包含至少 3 个价格点位，那么就不要画趋势线或通道线。两个价格点位也能画出趋势线，但不能根据这个做交易决定，除非出现了第三个点位。

技术派人士和交易者之间经常会争论是在日内创造的最高点或最低点（也就是 K 线的上影线和下影线）上下画趋势线或通

道线，还是只能在收盘价来画线，回答各不相同。根据我个人的经验，收盘价要比日内价重要。因此，如果你画的线采用的是日内的最高点或最低点，随后你又发现自己画错了，这没关系。如果你坚持使用收盘价，我相信你或多或少可以忽略上下影线所代表的极端的观点。有些人还是喜欢包含所有的价格，包括上下影线。不过，我们可以听听亚历山大·艾尔德在上课时是怎么讲的："……最好是在价格成交密集区附近画线，这些密集区表明了大部分交易者在这里改变了仓位方向。"（艾尔德的书，第88页）

图 2.15 中的 RIMM 显示了艾尔德的画线模式。我们看见了一条下跌趋势线，随后一条上涨趋势线穿过了价格密集区，而不是经过日内最高价和最低价，也不是经过收盘价。

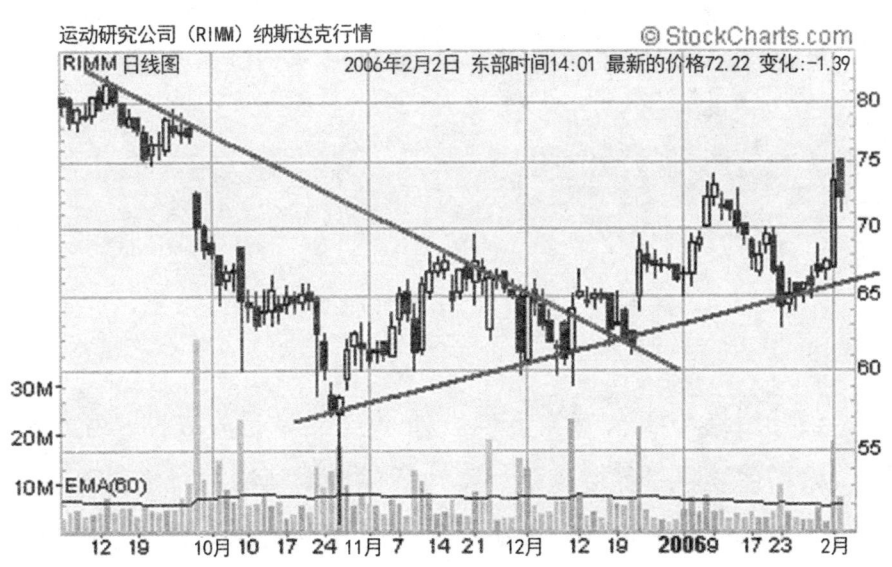

图 2.15 RIMM 和趋势线

第二，交易者倾向于画很多趋势线和通道线。如果我们知道这些线条只是大概地给出价格波动的范围，并非像之前提到的指标一样精准的话，也许我们的态度会客观一点。如果我们要用这些线条做决定性的交易决定，我们就很可能画出很多矛盾的线条。如果图表上面的趋势线和通道线太多，你还是无法交易。

图2.16中QQQQ的一年图说明了太多的趋势线和通道线会如何让你头昏。你将如何解读这张图？

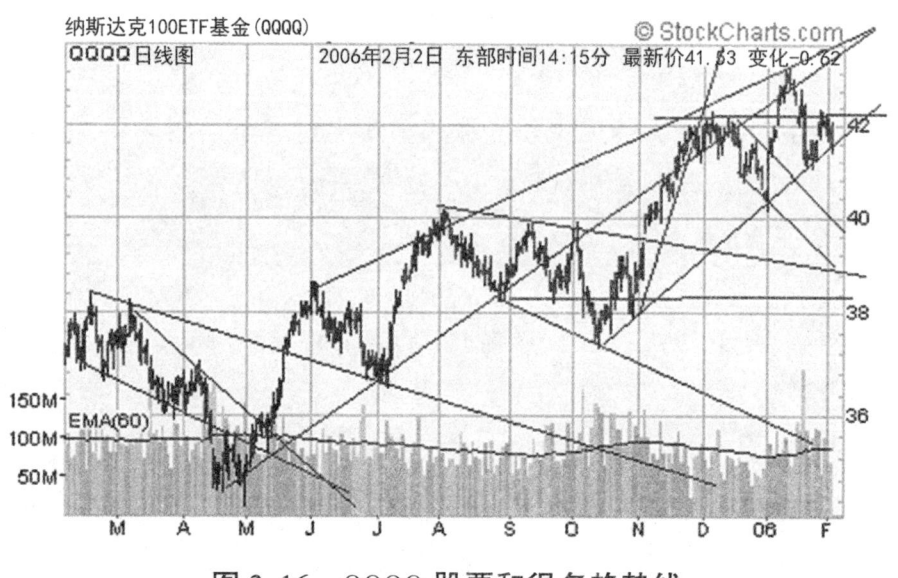

图2.16　QQQQ股票和很多趋势线

最好用趋势线来看大方向。如果自己对趋势方向产生了怀疑，请记住要尽量保持简单。换句话说，在画线的时候要尽量把所有的价格都包含进去。只用趋势线关注主趋势和通道，我们在后面会具体讲到，它们是非常有用的工具。

观察图表

现在要给图表做设置，把股票放进观察列表，这样你才能浏览到它们，或快速查看它们的日线图。如果你还没有自选股，不要担心。我在第9章会教你如何把大量的股票放进观察列表以准备好做趋势交易，以及如何及时更新观察列表，这样你就能全部掌握市场的状况。我会把每天按照规定要做的事告诉你：浏览图表，寻找特定的模式。

根据图表设置不同，可以一次浏览观察列表中的10只股票，你可以一页一页地浏览，也可以使用鼠标上下浏览并点出某只股票的日线图。有些软件还能让你自己设置鼠标的功能，软件能自动播放你要浏览的股票，你只要坐在那里做笔记就行了。如果观察列表是网页格式的更好，像我经常要在不同地方使用不同的电脑上网，网页格式的观察列表就比较方便使用。如果你的观察列表只能在软件上使用，那么在使用不同电脑的时候你就要先导出数据，然后再导入数据（说起来很简单，做起来很麻烦！）

有时候把你的观察列表再做细分是有帮助作用的。细分的方法有几种，比如按照板块分类，按照价格分类，按照指数关系分类，或按照其他方式分类。我喜欢按照板块分类，因为我经常看板块图，并根据板块图做交易。比如，我看见半导体板块发出了买入信号，我就查看半导体观察列表里面的股票。钢铁板块、金融板块、互联网板块、中国板块、能源板块等等都是同理。你也可以用筛选功能从观察列表找到暂时还没有给出买卖信号的股票，这点在后面会解释。不管怎样，你每天收盘后都可以用观察列表寻找新的机会。

浏览图表的过程就是趋势交易者的一切。就像技术分析人士一样，我们的基本资源就是价格图表，唯一的办法就是浏览图表，每天都看。不要理会消息、不要理会财经电视、不要理会标题为"暴涨股票"的垃圾邮件、不要理会有小道消息的朋友。全面而彻底地贯彻投资纪律就是要求你仔细浏览图表。

在浏览观察列表中的股票之前，你最好问自己："我希望整体市场在未来几天怎么走？"这么做也是重要的。如果你希望市场下跌，那么你就要浏览下跌的股票；如果你希望上涨，那么你就要浏览上涨的股票。如果你不知道整体市场将会怎么走，你就要同时浏览上涨和下跌的股票。（如果你不知道如何研判整体市场的走势，不要担心，我们在后面会讲的。）

诠释的问题

我在牛津大学写过一篇关于诠释学的博士论文，这篇论文研究大脑是如何理解和采用书面文字的内容。这份研究的结论之一就是没有人会用与世隔绝的思想来解读书面文字。无论是在阅读《圣经》的时候，还是在阅读报纸的时候，我们都是带着自己的经验、观点和个人爱好来阅读的，如此就会影响我们如何去理解和应用所读到的内容。

股票价格图表很像书面文字，股票价格图表在对我们说话，我们需要明白图表在说什么，不过它用的是另外一种语言，它用的是价格、K线、均线、成交量和其他指标。这些东西合在一起会告诉我们一个故事——这个故事就是这家公司的成败兴衰以及股票未来的前景（如果我们能认真听讲的话）。但是我们不一定有能力听懂图表在说什么，这就是诠释的问题。简单说就是：偏见（或者叫预断）影响了我们的判断。

比如说，你非常喜欢苹果公司的产品，史蒂夫·乔布斯就是你的英雄。每当你驾车走到101高速公路的出口看到库比提诺大楼，也就是苹果电脑的总部时你就会产生崇拜之感。你非常喜欢这家公司，认为他们不会犯错，你相信他们的股票会像他们说的那样"涨到月球上去"。这些就是偏见，偏见会阻止你看见图表告诉你的东西。

回到2006年1月，苹果电脑（股票代码是AAPL）是街头的宠儿。它的股票走到了新的历史最高点，接近每股90美元。它的产品，尤其是iPod，到处都能看见。人们说他们还会生产新产品：iPhone和i-TV等等（译者注：指苹果牌的手机和电视）。但是，图表正在说话，只有少数交易者在认真听：股票这么走不太对，像MACD和随机指标等关键指标都形成了微弱的卖出信号。确实如此，第二个月股票期权的日期提前生效的丑闻袭击了苹果公司，导致股价快速下跌，在随后半年内跌到了50美元（从那时开始苹果确实推出了iPhone，股价又猛涨到了接近150美元!）

这个故事的教育意义：不要理会天花乱坠的广告、不要理会消息、不要在乎自己的偏见，只关心图表在说什么。尽量做到"避免你的预判"（引用哲学家埃德蒙德·胡塞尔的话），只听图表的。我是这样告诉客户的：要想做好交易——知道价格和成交量就够了。

还有一个例子，但不太一样。广翼公司（股票代码是BWNG）在互联网方面有广泛的布局。它通过自己的子公司向大型的通讯服务提供商提供数据、互联网、宽带传输、语音通话服务。2006年3月底，一连串的事件导致这家公司的盈利和股价陷入混乱状态。公司宣布的盈利低于华尔街的预期，管理层可能会发生变化。这家公司又在不恰当的时间发行了大量的可转换公司债券，导致股价被冲淡，股价从最高点16.44美元跌到了最低点8.26美元，下跌接近50%。前对冲基金经理吉姆·克莱默在美国全国广播公司财经频道的《疯狂金钱》栏目中把广翼公司叫做"狗"，并叫观众卖出这只股票。

然而AWNG的图表却不是这么说的。当价格一路下跌到最低点每股10美元以下时——此时专业交易者的筛选器通常搜索不到这只股票——有些指标显示这只股票正在被收集。卖出最后阶段的动量在减弱，股票已经做好了反转的准备。关键指标出现了看涨背离，告诉我们此时要买入，不是卖出。3个月后，股价涨到了13美元，最后这家公司宣布它的竞争对手加价20%把它的股票全部买走了。

这个故事再次告诉我们：只要认真观察图表就行了。如果你不喜欢某张图表，无论能言善辩的专家怎么说都不要交易这张图表对应的股票。如果华尔街说要卖出这只股票，但图表说要买入，那么你就要跟着图表走，永远都要跟着图表走。

要想解读、理解，应用图表你就要摒弃偏见只让图表说话。

第 3 章
形成交易者的思想

有两种交易者会购买本书、阅读完本书、选出一个或几个系统进行实战。第一种交易者会成功，从市场中稳定地赚钱；第二种交易者会持续亏钱，最后他或她彻底放弃了交易。糟糕的是大部分人都会成为第二种交易者，只有少数人会成为第一种交易者。

成功的交易者和输家之间有什么区别？不管你信不信，决定因素和教育背景没有关系，和天生的智力没有关系，和经济才能没有关系，和商业才能也没有关系。成功的交易者和输家之间的区别在于交易心理不同。赢家的特点无法一概而论。对于成功的交易者，有内向的，有外向的；有感觉型的，有思考型的；有天生冷静的，有热情冲动的。不过他们之间还是有一些共同特点的，成功的交易者拥有以下特点：

- 自律。
- 有能力自己负责任。
- 对成功有积极的态度。
- 非常了解风险。
- 有能力保持开放的思想。

失败的交易者则缺少上面的某些特点。请注意上面说的是特点，不是个性。如果你曾经参加过美国交易者大会，你会遇到几百个超级成功的股票交易者、期权交易者和期货交易者。你还会发现他们的个性各不相同（有些人恐怕还要定期服药）。但是你会发现他们的特点——也就是上面所讲的特点——让他们的交易生涯一帆风顺。

简而言之，相对于个性，一个人的特点或思维与他的交易成功关系很大。因为你能找到很多这方面的书籍或资料，所以关于这个话题我就不多说了。但是我必须在本书中说出最重要的部分。如果想成为成功的长线交易者，你必须关注交易的心理面，这非常关键。也许你拥有全世界最好的、最赚钱的趋势交易系统，但是如果恐惧、焦急、慌张、懒惰、贪婪或其他不健康的情绪控制了你的思想，那么你不可能让这个系统帮你赚钱。即使是100%的机械交易系统，它也需要人用手去执行每个信号，无论你是否喜欢，这只手和大脑是相连的。

控制情绪

和普遍认同的观点不同，成功交易者的情绪是找不到原型的。有人说理想的交易者是没有情绪的机器人，用冰冷的情绪和电脑代替大脑工作。但事实上非常赚钱的交易者的情绪是各种各样的。美国全国广播公司财经频道《疯狂金钱》栏目主持人吉姆·克拉默就是一个有情绪的人，但是他作为对冲基金经理时管理的大部分账户（包括他自己的）都是成功的。我并不是说你在交易时要控制自己的情绪并像机器一样交易。实际上我认为对市场充满激情并"热情似火"也是交易者应该具备的特点。否则你如何面对每天单调的市场研究工作呢？你在连续亏损后如何恢复状态呢？

最关键的是不要在交易时让所有的情绪都冒出来——这是不可能的任务——但是你要尽量控制好自己的情绪。如果你的情绪让你进行冲动交易，让你违反计划，让你违反自己最好的直觉、经验和知识，这些就是问题了。情绪对自信的破坏是成功最大的障碍。本书向你提供了交易系统，这样你就有了优势。但是如果你不能管理好自己，那么这个优势是没有任何价值的。就像伟大的期货交易者艾德·塞柯塔说的那样（我修改了一下原话），交易基本上就是研究数字，一旦你掌握了数字规律，那么剩下来的就是心理因素了。

导致交易失败的基本原因不是糟糕的交易系统，而是糟糕的交易心理。优秀的交易心理能让你在交易时保持自信，用好资金管理策略以实现"截断亏损，让利润奔跑"。如果想让利润奔跑，交易者的思想状态必须要在成功时感到坦然并防止自毁行为。如果要截断亏损，那么就要求交易者必须现实、必须了解风险、心胸开阔地承认自己可能错了、遵守纪律、按照计划出场。

形成赢家的交易态度是一项艰巨的任务。幸运的是，有很多比较好的书籍资料已经帮助几千个交易者实现了这项任务。我推荐的第一本书是马克·道格拉斯的畅销书《交易心理分析》。我相信这是最好的一本能够帮助交易者形成正确市场态度的书。道格拉斯是交易行为活力咨询公司的总裁，他的公司为经纪公司、银行和基金经理举办研讨会。道格拉斯强调说赢家思维包括对风险的合理尊敬，要想到概率，而不是确定性，对市场要有开放的心态。这些都是很重要的因素。

道格拉斯还在他的书中加入了交易者个性测试题（最好叫做"性格"测试题）。一旦你完成了这些测试题，你就会知道你的核心信念是什么——也就是说这些测试题揭露了你交易失败的心理态度。道格拉斯相信只要你长期拥有正确的核心信念，你就能从市场中得到你想要的东西，你的心理状态就会让你利用任何交易系统取得最大的成功。

以下是道格拉斯在《交易心理分析》中谈到的精华部分：

只要你还因为找理由、找借口、犹豫、期望和过早行动等原因而犯错时，你就无法做到相信自己。如果你不能相信自己能做到客观，而且总是随心所欲，那么实现持续一致性的收益也是不可能的……讽刺的是，当你有了合适的态度，当你掌握了"交易者的思维状态"，当你在持续的不确定性面前能保持自信时，交易就会变得像你一开始时想的那样轻松简单。那么，解决方案是什么？你将学习如何调整你的态度和信念，这样你在交易时就没有一丁点的恐惧，但同时要定好大的原则，以防止你变得轻率。本书就是要传授给你这些东西（道格拉斯的书第 15 页）。

我推荐的第二本书是范·K. 撒普的巨著《通向财务自由之路》。暂且不谈书名，撒普的书并没有给出让你以交易为生的交易系统。撒普重点谈的是——如何在思想上、情绪上和心理上——开发你自己的交易方法并坚持使用你自己的交易方法。他的重点是交易系统要和你的性格一致，所以你越是了解自己，你越能成为一名优秀的交易者。

其中有一章是撒普认为"最难理解的一章"，撒普提到了赚钱的交易系统必须包含的 6 个变数：可靠性、利润亏损比率、交易成本、交易频率、起始账户资金大小以及仓位大小。撒普认真地分析了每个变量的重要性，然后把它们和期望值联系起来，也就是说你期望的交易系统在一段时间内能产生多少收益。因为交易系统不同，这些变量也不同，所以系统的期望值也不同。最后根据交易心理和目标，你可以通过修改这些变量来优化自己的交易系统。

撒普和个人以及机构交易者在一起研究的时间超过20年，他一直在帮助他们开发交易系统。他也有自己的公司，名字叫交易大师国际学院公司，他的公司举办家庭式的研讨会，重点谈论系统开发和测试。撒普的网站（www.iitm.com）上面有很多丰富的资源，包括免费的性格测试以及模拟交易游戏。撒普在《通向财务自由之路》中用以下文字精彩地总结了交易心理：

第一，你不能交易市场——你只能交易你的市场信念。因此，确定自己的信念是重要的。第二，有些关键信念和市场是没有关系的，这些关键信念会决定你的成功。这些信念就是关于你自己的信念。你认为你能做什么？交易成功是否对你很重要？你认为你会到达何种程度的成功？即使你拥有优秀的交易系统，薄弱的信念也会破坏优秀的交易系统（撒普的书，第322到323页）。

以价值为基础的交易

我推荐的最后一本书并没有谈到交易，但是它提到了很多培养健康的交易心理方面的内容。这本书于2005年底上市的，很快就被《纽约时代》列为畅销书榜首。2006年初《时代周刊》

采访了这本书的作者①，不用说，这本书的影响力是很大的。大众不但接受了本书中传授的方法，他们还对自己做了重新评估——不是通过辩论的方式——而是通过交易心理治疗的方式。

这本书的名字很具有煽动性，叫《摆脱思维，实践生命》。这本书的作者史蒂文·海斯是里诺市内华达州立大学的心理学教授。海斯教授曾经被人意外地多次攻击过，为此他痛苦不已——由于情况很严重，他不能正常地教书——海斯开始研究各种治疗模型以克服自己的压力和焦虑。海斯是行为和认知疗法协会的前主席，对他来说，用这些心理学方法来治疗自己是理所当然的。但是他很快就发现行为和认知的改变都不能有效地治疗他的病症。海斯开始把东方的"用心感受"加入自己的治疗方法，效果还不错。而且他还做了承诺，这种承诺不是针对他的情绪的，而是针对他个人最有价值的信念所做的承诺。结合这些方法他把自己治好了——当然这是一种新的心理疗法。

海斯治疗自己的疗法叫做"接受与承诺疗法"（ACT）。目前除了心理、行为、认知疗法外，ACT将会成为下一个重要的心理疗法。ACT的临床实验效果很好，声称可以治好所有的心理疾病，包括瘾症和精神分裂。怀疑这个疗法的人认为这不过是一阵风的狂热而已，但是也有一部分专业人士开始喜欢上了这个说法：接受你自己并承诺你想成为什么样子。

那么ACT到底是如何工作的，它对交易有什么帮助？长话短说——你必须阅读全本的《摆脱思维，实践生命》——对于我们的消极思想，认知疗法会教我们把消极思想变成积极思想，而

---

① 约翰·克劳德2006年2月13日发表于《时代周刊》的"幸福是不正常的"。文章中谈到了很多"接受和承诺疗法"。

ACT 则要求我们先接受消极思想的客观事实。海斯坚持认为，我们首先要用心感受这些消极思想，认识这些消极思想，只有这么做了，我们才会想办法远离并消除这些消极思想。比如，我们不要说"我很压抑"，应该说"我有一个思想，这个思想使我很压抑。"这么说的话就意味着我有一个思想而已，不是我如何如何了。如此一来，放弃一个思想是比较容易的。

第二步是对自己承诺最有价值的东西。你已经消除了消极思想的影响，即使你的情绪还不支持你，此时你要坚信最值得相信的思想。要想实现承诺，海斯建议认真花时间找到自己的生活态度（或哲学），找到你认为最有价值的东西，找到你这一生最想做的事，等等。这样等于让你找到了指路明灯，即使是在最黑暗的时候你也会有方向。

当我发现可以把这个疗法用到交易时，我很激动。我认为交易者可以同样使用 ACT 疗法：当你有了交易方面的消极思想时，你可以和这个消极思想分开，然后再去除这个消极思想的影响，这样它就不会影响交易了。我知道交易者的消极思想会有多么严重，当价格对仓位不利时我自己也体验过后悔、恐惧、焦急、愤怒。如果你发现有办法可以消除这种情绪的影响，那是多么好啊，这样你就可以严格地跟随自己赚钱的系统了。

此时你要写下你的承诺，承诺成为一名交易者。比如我，就在屏幕旁边用黄色的贴纸写下了简洁的、粗体的、大写的承诺。内容分别是：

- 自己做交易！
- 永不向下摊平成本！
- 让利润奔跑！

- 截断亏损！
- 不冲动交易！

对于上面的每一句话，你都能想象到它的反面就是可怕的令人尴尬的亏钱的方法，所以我必须把这些内容写出来并贴在屏幕旁边。你也可以认为这些承诺具有特定的价值，我非常尊重，并渴望拥有这些价值。我自己的关于交易的价值应该是下面这个样子：

- 你的交易系统是不错的，是很赚钱的。
- 你能控制自己的冲动性。
- 永远保持交易的一致性。
- 要为你家的财务未来负责任。
- 交易就是要坚持到底。
- 利润来自系统，不是来自直觉。

如果我能用所有的交易价值来监督我的每一笔交易——那么我肯定会成为一名优秀的交易者！因此，无论我的情绪如何，我都可以远离这些情绪并按照自己这些年来辛苦打拼才设计好的地图前进。这就是ACT对交易的承诺：它能帮助我理清思想，这样我就能承诺按照自己的系统交易，不是按照自己的感觉交易。

如果你没有一套交易原则或交易价值，怎么办？如果你不知道最合适的交易心理是什么，怎么办？道格拉斯和撒普的书能够帮助你，他们两位会帮助你画出交易者的思想蓝图。

第 4 章 成功交易者的 10 个习惯

2003 年冬天我在网上举办了一次研讨会，我的几百位客户都参加了网上研讨会。他们大部分是新手。我一次要讲 4 个小时，分 2 次讲。在这累死人的过程中我要讲述所有的基本知识，包括研读图表、K 线、趋势交易，我还全面讲解了以前从没讲过的一个趋势交易方法。在问答环节我很吃惊地发现大部分听众并不关心趋势交易的逻辑，他们更加关心我交易方法的细节。为了准确地回答他们的问题，我向客户保证我会把我的交易原则写下来并每人送一份。

以下是我送给客户的原则，虽然有些原则的用法变得更加复杂了，但是我并没有改变这些原则。根据市场状况的不同，允许出现一些例外情况。

成功交易者的 10 个习惯

遵守"三"的原则

技术分析派交易者可以使用很多指标来决定是否交易。有图表上面的价格指标、有均线指标、有各种动量指标、有超买/超卖指标，等等。根据股票的历史价格，这些指标能够描述现在股价的含义。"三"的原则就是指我的指标必须找到 3 个明确的理由我才进行交易，3 个理由只是最低的要求，理由越多越好。很多年轻的交易者找到 1 个理由就开始交易了，比如双底或随机指标显示超买了。这些指标需要其他指标的确认，冲突的指标表明市场是困惑的。我们不需要冲突的指标，我们需要带着确信进场，不是带着困惑进场。所以要永远遵守"三"的原则（至少是"三"）。请记住，交易是概率的游戏，你要永远让概率对你有利。

亏损要小

20 世纪华尔街伟大的投机者伯纳德·巴鲁克曾经说过："如果一个人知道尽快止损，那么即使 10 笔交易中只有三四笔是赚钱的，他也能致富。"巴鲁克是对的。因为大亏损都是从小亏损开始的，大亏损会让你永远离开交易界，所以说把亏损控制在最小是重要的。对于所有的仓位，我们都要设置止损点，用这个方法把亏损控制在比较小的范围内。虽然每笔交易都要设置止损，但并非指每分钟都要去看一次。如果这样的话，我们就得用大脑止损了，一旦价格到了止损点就要平仓。记住沃伦·巴菲特的原则 1："不要亏钱！"巴菲特还有原则 2："不要忘了原则 1！"所以请记住这个世界上最伟大的投资者的忠告，并把亏损控制在最小。

每天收盘后调整止损价格和利润目标价格

每个交易日收盘后，要根据自己的标准调整止损点或利润目标点。这里说的自己的标准是指每天的收盘价相对于你的进场点是否创造了新高或新低。具体可以这么做：进场后，如果收盘价创造了新高，就抬高止损点（如果是做空的，就降低止损点）。如果你设置了利润目标价格作为出场点，如果交易对你不利，每次收盘价创造了新低时就要降低你的目标价格（如果是做空的，就要在收盘价创造新高时抬高目标价格）。在交易时不要自满。每天至少一次在收盘前监视价格的走向，并相应地调整止损价格和目标价格。收盘后为了避免夜间价格有大的波动，取消止损单是个好主意（译者注：美国夜间会有电子盘交易）。但不要取消你的目标单。我喜欢把目标限价单分成很多小份，每份相差1美分。有时候，因为夜间的波动很厉害，很古怪，我的一份或多份目标限价单会被成交。

佣金要低

尽量去找打折经纪公司，它们最多每笔交易收10美元佣金。还有一些网上经纪公司，它们的佣金更低，每笔每股交易只收0.01美元，比这还高的佣金你就不能再接受了。每笔交易收30美元的网上经纪公司和每笔交易收1美元的网上经纪公司并没有什么差别。它们都能提供快速成交方式，偶尔会缩小价差，有自动跟踪止损功能，能下特殊订单，可以交易基金、期权和期货。何必要为知名品牌公司支付更多的钱？记住，佣金是你日常开支的一部分——当你经营企业的时候，你的日常开支越少，你的利润就越多。

业余选手在开盘价交易，专业人士在收盘价交易

这句话的意思是说资金充沛的机构交易者通常会逆着上午的动量交易，他们开心地把股票卖给焦急的业余选手们，然后中午狼吞虎咽地饱餐一顿。当美国东部时间下午2：30分他们回到桌前时，期待用更好的价格买入上午卖出的股票。通常他们都是对的，所以说他们叫专业人士。他们拿薪水就是为了做正确的事。如果你必须在上午交易，务必做到建仓量要小。没错，也许你会错过一些大行情，但是长此以往下来，你会节省不少钱。更好的做法是：在收盘前的最后2个小时进场。如此一来，你的步调和专业人士通过交易造成的大行情是一致的。

知道市场的整体趋势并顺势交易

这话说起来容易，做起来难，但绝对是成功趋势交易的关键所在。你每天都要知道你所交易的市场的状态，我会在第5章具体讲解的。有一个基本原则可以判断你交易的市场到底是什么状态。市场趋势有5种形式：弱势上涨、强势上涨、弱势下跌、强势下跌和振荡。在弱势上涨和下跌的趋势中，你应该聚焦于趋势的持续性；在强势上涨和下跌趋势中，你应该聚焦于突破；在振荡的市场，你应该关注反转迹象。这些内容同样会在下一章具体讨论。

你可能会问目前的趋势或振荡是刚形成的，还是早就存在了。市场状况（上涨趋势、下跌趋势或振荡）持续的时间越长，你就要用越小的时间框架来建立新仓位。比如，如果你在前几周市场刚刚形成上涨趋势时买入了，那么你就可以舒服地把你的多头仓位的目标设高点。但是如果你在超买的市场做多（上涨已经有段时间了），那么你应该尽快兑现利润。最快捷最简单的判断市场的方法就是在标准普尔500的图表上面加上50日收盘价的均线。然后简单地看均线的坡度就行了。坡度是上涨的（弱势或强势）、下跌的（弱势或强势）还是水平的（振荡）？它已经存在一段时间了（延伸了一段时间）还是刚刚形成的（新的）？以此类推。

记录每笔交易

我们在生活中会保留很多事的记录——我们写的支票存根、购物收据、慈善捐款回单、打高尔夫时的成绩单、加油时的收据——但是有多少人记录了自己的每笔交易？你在杰克·施瓦格的《市场奇才》（顺便说一下，我高度推荐这本书）中会发现几乎所有的市场奇才都会写交易日记。我建议你也这么做。你可以用一个电子表格来记录你进场的日期、出场的日期、交易品种的代码、进场价、出场价、仓位大小、利润、亏损、总体利润、总体亏损和你的评论，评论这一栏你可以具体解释你进场和出场的理由。如果你擅长使用电子表格，你还可以用电子表格计算跟踪你的止损点、目标点和仓位大小。

你要每个月底分析你的所有交易。是不是某种方法让你持续亏损？是不是你擅长做突破，不太擅长做反转？你的止损点是不是设置得太近了？利用交易日记就可以找到你的弱点。一旦意识到了自己的弱点，你就应该克服它们。如果你不会使用电子表格，你可以给我发电子邮件，你可以发到 support@ befriendthe-trend. com，我的员工会把我正在使用的电子表格发给你的。

永远不要向下摊平亏损的仓位

假如说你买入了一只股票，你期望它能火箭冲天，但是它像石头一样往下滚，你会怎么办？你一般的表现是：你无动于衷，你在坚持你的计划；你在收盘时把自己的止损点降低了，然后很有耐心地等待着。我不建议在更低的价格买入更多的股票以摊平成本，这是输家的玩法。你已经用更高的价格买入了，为什么还要买？为什么要用良币去追逐劣币？你应该按兵不动，看市场想干什么。这个原则的例外情况就是你在建仓的当天如果又出现了小的下跌，你可以买入，这相当于占了一点便宜。但是在这种情况下，你必须关注图表，价格要离止损价很远，而且价格有迹象表明会从小跌之处恢复上涨。

永远不要过度交易

你应该了解这种感觉：上午把所有的隔夜仓都平掉了，赚了一点利润。你对自己说，嗨，我赚了，现在要继续利用这个优势。所以你又交易了几笔，可惜这几笔不太好，你的资金又回到了不赚不亏的水平。你想把早上的利润再赚回来，所以你又交易了几笔，此时你只能购买迷你合约了，或者买入期权以尽量放大资金的杠杆作用，可是这些交易都不行，当天收盘时你空仓了，但是你已经亏了。或者是这天一开始你的仓位就是亏损的，你为了把钱赚回来就过度交易，结果导致当天亏得更多。这种强迫性的冲动交易就叫过度交易。每个交易者都有这种经历，它的根源在于恐惧和贪婪。

最好的避免过度交易的方法就是给自己设限：当你当天的利润达到特定的点数时，你要么减小仓位，要么平仓。更好的做法是你当天的交易达到特定的笔数时，你就平仓。如果遵守了这些原则，你可以用下面这些办法来犒劳自己：坐在游泳池边、阅读一本书、在森林里骑自行车——用这些方法加强你的纪律性，并最终形成习惯。

至少把10%的利润捐献出去

当约翰·D.洛克菲勒还是孩童的时候，就有人告诉他5个关于金钱的基本原则：（1）为你拥有的所有金钱做事。（2）把利润的第一个10%捐献出去。（3）把第二个10%投资出去。（4）靠剩下来的钱过日子。（5）重视每一分钱。洛克菲勒家族认为把钱捐献出去是他们拥有财富的关键，所以你也要这么做。这里的秘密就是金钱被分开后，它增值的速度是最快的。当我们和并不富裕的人分享金钱的时候，我们就推动了全球经济的发展。

我鼓励你为自己留下一些遗产，让这些遗产在你去世后还能发挥作用。你种下金钱树，让别人去收获果实。总而言之，拥有财富的目的就是为了帮助那些还不富裕的人。财富是需要分享的。

PART TWO

第二部分　趋势交易的基础知识

第 5 章
什么是趋势交易？

趋势交易是一种交易方法，它通过价格图表的进场和出场策略以尽量做到扩大利润并缩小风险。本书中提到的趋势交易系统可以应用到任何时间框架中——从几分钟到几个月不等——大部分仓位持有的时间为 3 到 30 个交易日。这个方法之所以叫作趋势交易，是因为我们想尽量搭上一个刚开始的趋势（为了捕捉到大部分行情），随着它上下波动并最终走到新高或新低。在给趋势交易下具体的定义之前，我们先讲讲哪些交易不能算做趋势交易。

哪些交易不能算做趋势交易

趋势交易不等于买入并持有的投资方法

买入并持有的投资方法涉及以下方方面面：分析基本面或经济面的市场周期，研究企业所在的行业，公司是否有收购其他好公司的打算，公司的估值是否具有吸引力，公司的成长性是否好，公司的成长预期是否理想。这个策略的目标是用尽量少的本金实现长期的资本收益。买入并持有的投资者并不是交易者，他们几乎不关心技术分析。价格图表中上涨或下跌的趋势对他们没有什么意义。他们最关心的是沃伦·巴菲特说的："用合理的价格买入一家伟大的公司。"买入并持有策略的持有期限一般以年为单位，有时候是一生持有。

趋势交易不是仓位交易

仓位交易者主要依靠价格图表做分析，不会分析公司的基本面。他们的目标不是捕捉到已经开始的趋势，他们的目标是在新趋势开始的时候就上车，他们甚至希望更早上车。换句话说，仓位交易者喜欢在底部买入，在顶部卖出；而这两种方式是趋势交易者万万不能采用的，只有一种情况例外（在上涨趋势中，当价格回调到支撑区时买入）。和趋势交易相比，仓位交易更需要有耐心。仓位交易的持仓时间以月来计算，有时候会持有1年或更久。仓位交易者一般使用周线图，并使用日线图作为进出依据。如果仓位交易建仓过早了，仓位交易者有时候就要忍受漫长的资金曲线衰落。

趋势交易不是隔夜交易

隔夜交易者依靠技术分析和研读报价的技术做交易，（有时候）再配合日内的突发新闻进行快速的为期两天的交易。隔夜交易者通常在交易日收盘前建仓，在第二个交易日收盘前平仓。隔夜交易者的目标是捕捉到3个时段的波动：下午的行情、隔夜形成的缺口和第二天的持续行情。如果一个人有很好的策略，而且非常了解股票的动量，那么用这个方法很赚钱。但是这个方法很耗时间，在出场的时候特别需要小心，出场时和日内交易差不多了。趋势交易的技术可以用在隔夜交易上面，但需要很多纪律，这已经超过了正常的趋势交易范畴。

趋势交易不是剥头皮（译者注：一种短线交易）

因为剥头皮这种交易方法只在日内持有仓位，而且所有的仓位都会在收盘前被平掉，所以剥头皮是日内交易的一种形式。作为日内交易者，剥头皮交易者在收盘后回家时总是空仓的（完全持有现金），他不会隔夜的。剥头皮交易和普通的日内交易（趋势交易的一种）的区别在于仓位的持有时间通常只有几秒钟，最多几分钟。日内交易者依靠的是研究图表的技术，而剥头皮交易者仅仅依靠报价机的报价做交易。他们不会交易当天有大行情的股票——他们通常关注突发新闻、盈利报告、评级上升、评级下降，等等——从报价机（level 1 和 level 2 行情）的报价中找到机会快速交易。剥头皮交易者每天交易很多笔，有时候上百笔，他们的目标就是每笔交易（剥一次头皮）赚一点点。他们通过大成交量和大仓位把一笔笔的小利润变成大利润。因为剥头皮交易者几乎不看价格图表，所以从技术的角度来说他们不算趋势交易者。

趋势交易是什么

从时间框架的角度来说，趋势交易的持仓时间长则数月，短则数秒。趋势交易者的主要目标是捕捉到股票趋势行情的大部分，也就是在趋势开始后进场，在趋势结束前平仓。趋势交易者使用的时间框架是他们最喜欢的持仓时间框架，价格图表的时间框架也是同理。如果趋势交易系统采用了波段交易（后面会讨论的），那么持仓时间一般是 5 到 30 个交易日。波段交易主要采用日线图。本书中讲的趋势交易系统可以用在日内交易上，日内交易通常使用5分钟图，持仓时间一般是几分钟，最多几小时。

因此，把趋势交易想成是一套交易系统比较重要，趋势交易不是交易风格。你的交易风格（仓位交易者、波段交易者、日内交易者等等）受很多因素的影响，比如交易目标、交易时间、你的性格、技术（除非你反应特别灵敏，否则不要考虑剥头皮）和收益预期。我会在后面的章节深入讨论不同的交易风格。（请注意根据我的定义，只有波段交易和日内交易算做是趋势交易的一种。）

买入并持有的投资

- 目标：资本的长期收益。
- 风格：分析行业和公司的基本面。
- 持有时间：1年或更久。
- 所需时间：每个月几小时。
- 交易频率：每年1到5笔交易。
- 佣金成本：最低。
- 期望年收益：15%或更多。

仓位交易

- 目标：每个季度都有收益。
- 风格：在周线图/日线图上面的技术分析。
- 持仓时间：3到6个月。
- 所需时间：每周几小时。
- 交易频率：每个季度交易1到5笔。
- 佣金成本：很低。

- 期望年收益：25%或更多。

波段交易——（可以是趋势交易的一种形式）

- 目标：每个月都有收益。
- 风格：在日线图/小时图上面的技术分析。
- 持仓时间：5 到 30 个交易日。
- 所需时间：每天 1 到 3 个小时。
- 交易频率：每个月交易 5 到 15 笔。
- 佣金成本：很高。
- 期望年收益：40%或更多。

隔夜交易

- 目标：每周都有收益。
- 风格：在日线图/小时图上面的技术分析。
- 持仓时间：最多 2 天。
- 所需时间：每天 6 到 8 个小时。
- 交易频率：每天 2 到 5 笔。
- 佣金成本：很高。
- 期望年收益：50%或更多。

日内交易（可以是趋势交易的一种形式）

- 目标：每天都有收益。
- 风格：在日内图上面的技术分析。
- 持仓时间：几分钟到几小时，最多 1 天。
- 所需时间：每天 8 到 12 个小时。
- 交易频率：每天 5 笔或更多。
- 佣金成本：非常高。

- 期望年收益：60%或更多。

剥头皮交易

- 目标：每天都有收益。
- 风格：追逐动量，研读报价机的报价。
- 持仓时间：几秒钟到几分钟。
- 所需时间：每天8到12个小时。
- 交易频率：每天20笔或更多。
- 佣金成本：超级高。
- 期望的年收益：70%或更多。

趋势交易的优势

和其他交易相比趋势交易的优势非常多。很明显，趋势交易者的预期收益比买入并持有的投资者的预期收益高，甚至比仓位交易者的预期收益高，因此趋势交易既可以是长线交易（波段交易），也可以是短线交易（日内交易），所以趋势交易是很好的以交易为生的交易方法。如果你没有其他工作，每天都有8到10小时的自由时间——坐在电脑前面点击鼠标的时间不算——那么把本书中的趋势交易技术应用到日内交易上是非常赚钱的。如果你没有那么多时间或者是你还要做其他事，那么把趋势交易策略应用到波段交易上也可以实现理想的以交易为生。

更重要的是，趋势交易并不需要买入并持有投资者那么丰富的经验，买入并持有投资者必须拥有丰富的经验才能实现年复一年的可观利润。毫无疑问，通过长期投资可以累积很多财富——但是这需要很多努力、很多时间、还要一点运气。沃伦·巴菲特是这个世界上最富有的人之一，他是聪明的长线投资者的化身，他用超低的折扣价买入著名的公司。但是巴菲特工作很努力，他对他买入的公司的里里外外都知道。他和这些公司的高层一起吃饭，他和这些公司的中层管理人员面谈，他参观这些公司的制造工厂和供应链，他每天都在研究很多信息——他所做的一切都是为了把自己辛苦赚的钱再投资出去。即使如此，也不能保证成功。不过巴菲特确实是天才，过去10年他的平均年收益超过了6%。

作为趋势交易者，你要像巴菲特那样努力工作吗？不用！你只要简单地采用本书中的某个系统，每天晚上研究一些图表，每天早上点几下鼠标，你就能过上体面的日子了。

另外，买入并持有的投资者和少数仓位交易者必须具有大量的耐心。即使不是等几年，他们也要等几个月，才能让心血变成果实。趋势交易则不同，所以对于想以交易为生的人来说，趋势交易是理想的交易方法。股市的趋势一般时间不长，股票在80%的时间都是振荡的，只有20%的时间才有趋势。用趋势交易技术做股票，几周（波段交易者）或几个小时（日内交易者）就要进出一次。因此你能很快就能知道自己的劳动成果如何。

趋势交易技术是理想的让你获得基本收入的技术。如果你把趋势交易系统应用到波段交易上面，考虑到波段交易相对高的交易频率，你可以每个月都有收入。这要求趋势交易者用2周的时间取得收入支付每个月的账单，剩下来的2周让账户增值。如果是日内交易，收入来得更快。我管理"和趋势做朋友"基金的时候就采用了两个方法：波段交易做长线；日内交易挖掘日内的机会。

这里需要说明一下，趋势交易和其他交易方法一样容易受市场波动和周期的影响。虽然你可以以趋势交易为生，但你需要在比较容易赚钱的时候把一部分资金单独挪出来，以防止交易遇到困难的时候有足够的钱支付账单。无论是哪种交易方式或投资方式，都会遇到艰难的时期。

趋势交易的另外一个优势是，本书中教的趋势交易策略的风险比长线交易策略的风险小。长线交易者不得不忍受熊市的摧残，当大盘指数日复一日地往下砸时，他们焦急地看着自己的资产净值随着落花流水而去。但是趋势交易者可以自由快速地把亏损的仓位平掉并离场观望。趋势交易者也可以在熊市中使用本书中的策略做空，这样当投资者眼睁睁地看着自己的资金曲线衰落时趋势交易者还在赚钱。

最后，要想做好趋势交易，你不必担心……

像买入并持有的投资者那样研究财务报告。

像仓位交易者那样精准地捕捉到市场的顶部和底部。

像隔夜交易者那样眼睁睁地看着第二天开盘时的缺口把自己大部分的利润蒸发掉了。

像剥头皮交易者那样研究 level 2 行情和其他报价设备的微妙之处。

简而言之，对于任何交易风格，趋势交易都能够让你用最少的精力换取最大的收益。所以，让我们开始以趋势交易为生吧！

第 6 章 设置观察列表

交易所挂牌的股票加上场外可以交易的股票一共有 1 万多只——这个数字每周还在增加。你不可能每天监视所有的股票。所以对于趋势交易者来说，在做任何事之前最符合逻辑的做法就是建立自己的股票观察列表，把符合自己标准的股票放进观察列表并定期更新。我们从观察列表选出适合做交易的股票进行交易。

为了建好观察列表，我们首先要筛选掉不符合趋势交易标准的股票。有些图表公司会给客户提供特殊的筛选工具，但是我们在这里用雅虎免费的股票筛选器——雅虎的 finance 就够用了！finance 提供 2 种免费的筛选工具：基本版和更高级的版本，你应该使用更高级的版本，因为基本版不提供按照成交量筛选的功能。stockcharts.com 和 iqcharts 还提供收费的筛选器，如果你购买了它们的产品服务，你会得到一个筛选工具和一个扫描工具。我还推荐你使用涅槃系统的 omnitrader 提供的筛选工具，这个软件很慢，不适合频繁使用，但它的资源很丰富。

你基本的观察列表

我建议根据以下 3 个标准筛选适合做趋势交易的股票：价

格、平均成交量和贝塔值（股票相对整体市场的波动性函数）。筛选工具软件里面还有很多其他选项——比如市盈率、季度成长趋势、负债/资产比、通常还有很多技术变数，暂时先不要理会它们。下一章会讲解如何用筛选工具的强大功能做符合趋势交易的设置。设置观察列表，要涉及3个变数。

在筛选价格的时候，你要筛选掉价格太低（我们要避免低价股）或太高的股票。在筛选成交量的时候，要筛选掉成交量很小的股票。在筛选贝塔值的时候，我们要筛选掉波动缓慢和没有趋势的股票。具体来说，建议做以下筛选设置：

- 价格：10美元到100美元之间。
- 每天的平均成交量：大于50万。
- 贝塔值：大于2.0（至少是标准普尔500波动性的2倍）。

按照这个方法筛选以后至少会得到50只股票，大部分情况下都比这个数字多。但是在有些市场状况下你筛选出来的股票不到50只，此时你要好好地研究一下数字设置。在20世纪90年代末的大牛市中很多股票都是突破性上涨的，此时我们要把股票的价格设置高点。在有些市场，你要被迫为好公司付出高价。如果遇到了这样的股票，这么做也是明智之举。有时候市场平静如水，此时你会发现找不到贝塔值等于2.0的股票，所以你可以把贝塔值调低点。

资金不多的交易者喜欢买低价股。如果是这样，你可以把价格筛选的标准改成5美元到50美元之间，什么价位适合你，你就怎么筛选，都行的。寻找波动幅度大的大户和期权交易者可以相应地抬高筛选的价格。在befriendthetrend.com网站有两个观察列表，这是为我们的两份热销的业务通讯邮件准备的：一个是为小户准备的（股价介于 5 美元到 15 美元之间），一个是为大户准备的（股价在 15 美元以上）。这两个列表让我看到了关于市场的有趣信息：如果低价股很少，高价股很多，那就说明我们在牛市中——反之就是熊市。

关于成交量，请注意平均每天的成交量不等于某天的成交量。这样可以避免某只股票某天成交量非常高，而平均成交量却非常低。再次强调股票的平均成交量不能低于每天 50 万股。流动性意味着稳定性，稳定性意味着低风险，低风险意味着长线的高利润；因此流动性是长线交易的关键因素。

一旦筛选器筛选出了股票，按照贝塔值降低的顺序排列股票。把前 50 只股票放入你的观察列表，你要每天观察这些股票。你所选的股票不要超过 50 只，因为在某些市场状况下会有很多股票冒出来；也不能少于 50 只股票，因为在没有趋势的市场几乎找不到满足条件的股票。

一旦你的观察列表里面有了 50 只股票，把它们导入你的图表软件，并存为关注列表。你也可以把这个列表导入 stockcharts.com 的 candleglance 功能里面，这个功能可以让你在每个网页上面看见 10 张缩略图，还能看见 20 天和 50 天均线，你也可以加入自己的技术指标。图 6.1 到图 6.2 列出了 2007 年 9 月 21 日贝塔值排名处于前 6 名的，价格在 10 美元到 100 美元之间流动性好的股票（请注意：我的筛选器筛选出来的结果是 247 只股票，当时正是典型的牛市）。我加入了 CCI 指标，图表的时间段是 2 个月（这也是可以调的）。一旦你设置好了，带 candleglance 功能的图表看起来就是这个样子。

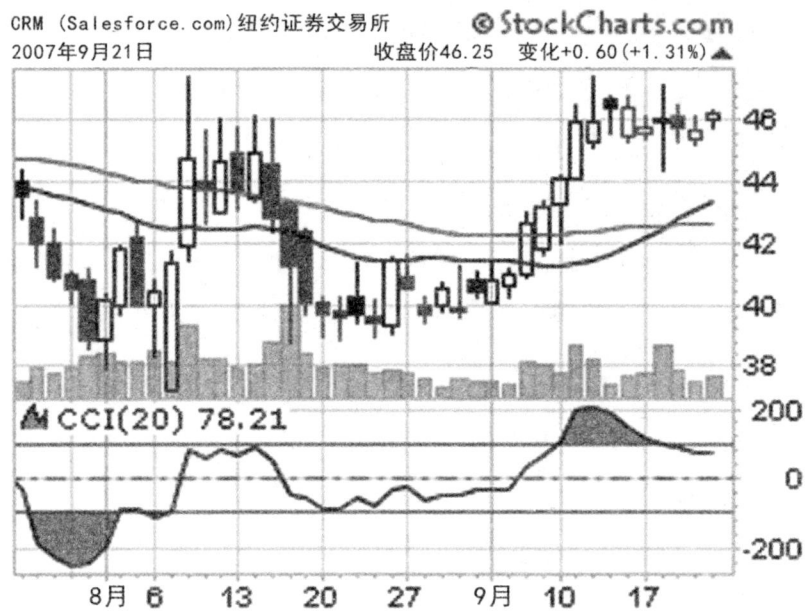

图 6.1 CRM 股票为期 2 个月的价格图表、CCI 指标、20 天均线、50 天均线

图 6.2 AKS 股票为期 2 个月的价格图表、CCI 指标、20 天均线、50 天均线

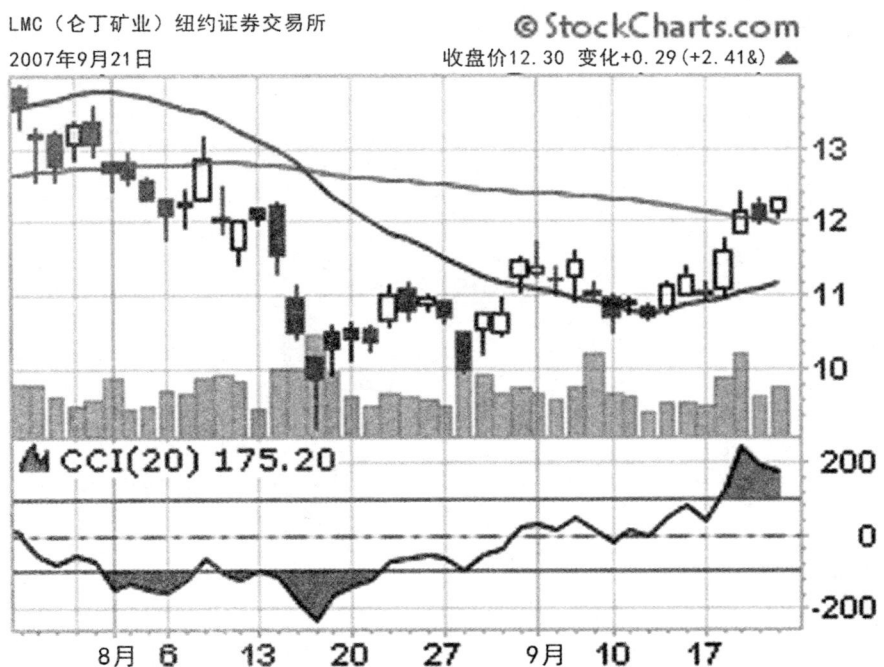

图 6.3　LMC 股票为期 2 个月的价格图表、CCI 指标、20 天均线、50 天均线

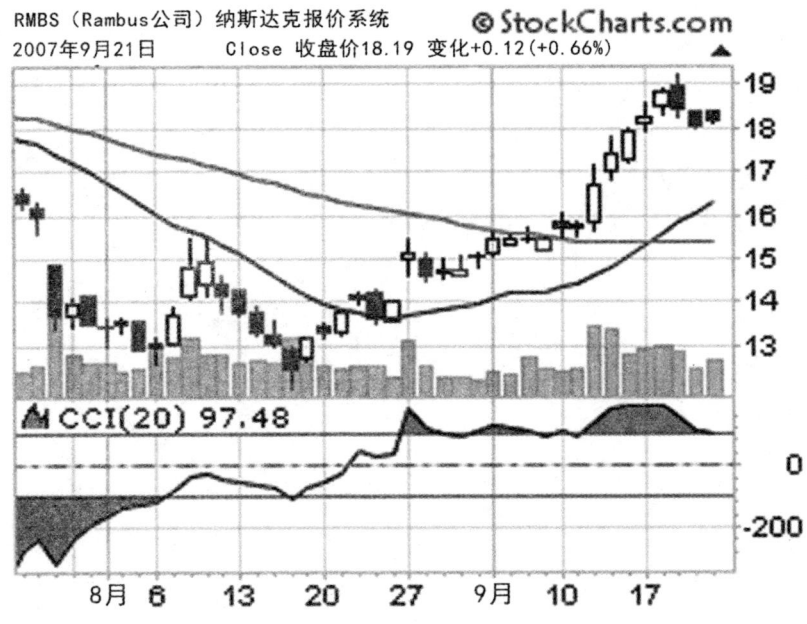

图 6.4　RMBS 股票为期 2 个月的价格图表、CCI 指标、20 天均线、50 天均线

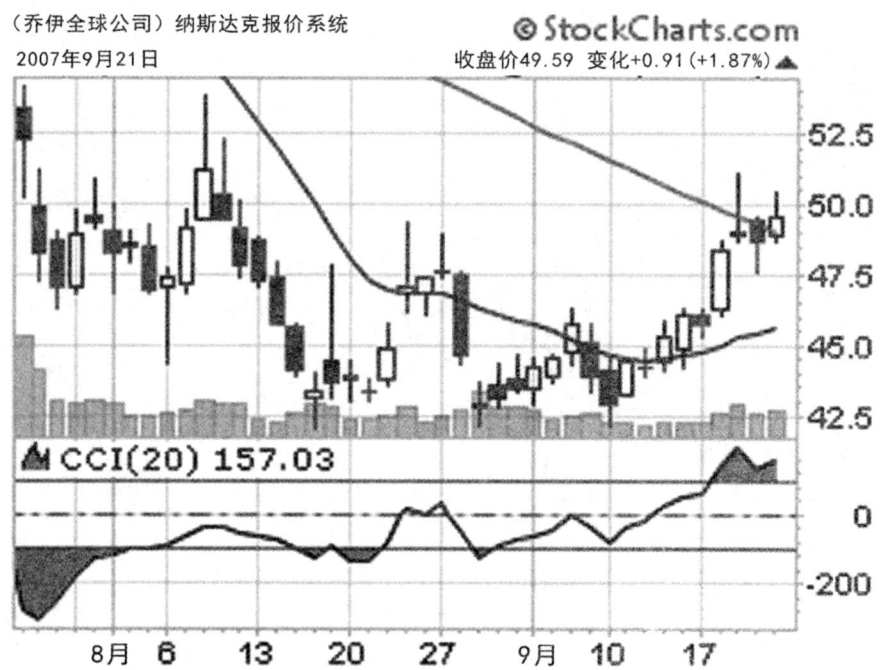

图 6.5　JOYG 股票为期 2 个月的价格图表、CCI 指标、20 天均线、50 天均线

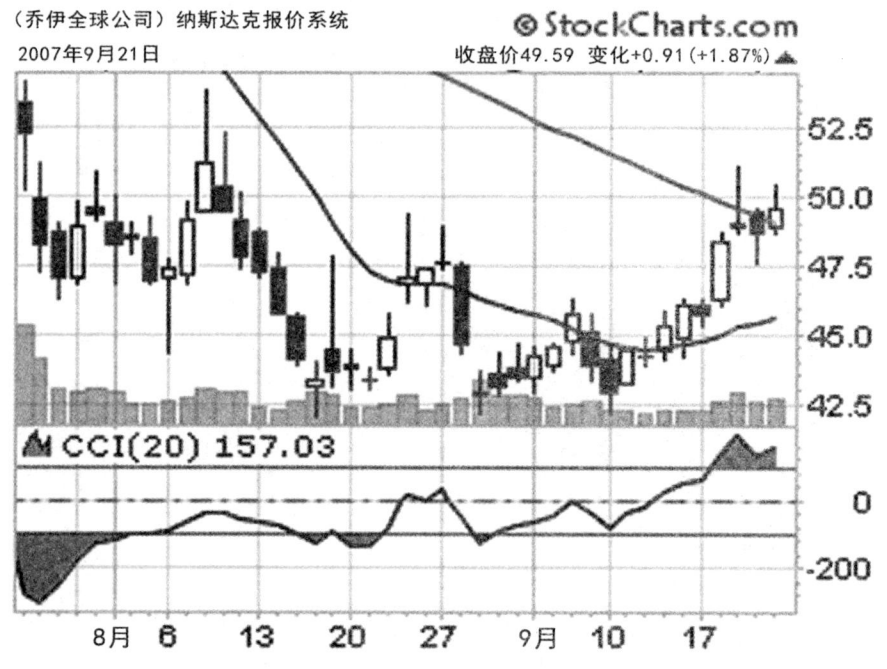

图 6.6　BZH 股票为期 2 个月的价格图表、CCI 指标、20 天均线、50 天均线

我还喜欢在另外一个网站保留我的观察列表，这个网站是clearstation.com，你可以免费加入无数个列表。如果你把列表导入clearstation——那么就要到这个网站注册——这样你不但能得到缩略图、均线、随机指标、MACD指标，你还能得到它每天的更新消息，告诉你哪只股票升级了，哪知股票被降级了，你还能知道它们的预期收益，还能触发一些技术买卖信号。Clearstation的观察列表还有一个优势，你只要在其中一面加上书签，你就能看见所有的图表，结合stockcharts的candleglance功能，你可以针对每10只股票在其中一面加上书签。Clearstation的劣势是它只提供竹线图，而stockcharts默认的是K线图，K线图提供的信息要多些。

我则同时使用两家公司的服务，因为每家公司都提供了一套稍微不同的工具。我更加喜欢stockcahrts的观察列表，因为作为它的用户，我能看见实时的数据（clearstation则是延时的）。事实上，两者都能筛选出你想筛选到的股票。

维护观察列表

现在你的观察列表里面已经有了50只流动性最好，波动性最好的股票，你还要在每天收盘后设置它们的图表（如果你是日内交易者，就要在交易当天设置了）。要想有效地做好趋势交易，你必须对价格图表非常熟悉。你要把股票对应的公司忘掉，忘掉它们的产品，忘掉它们提供的服务，忘掉它们的成长性，等等。作为趋势交易者，这些东西都和你没有什么关系了。你以趋势交易为生的一切都在图表中，其他的都是噪音。

日复一日地查看图表后，你会对这些股票的波动产生感觉的。当你用本书中介绍的趋势交易系统训练自己的时候，你将学会如何识别支撑点和阻力点。你会在图表上找到特定的交易机会（向上突破、向下突破、整固、向均线移动或离开均线，等等）。你可以很轻松地区分股票了——那些收益慢的，很少上涨下跌的，成交量稳定的——以及那些看起来更复杂的股票。越是难交易的股票越是喜欢乱跳、振荡、出现隔夜缺口以及很大的日内振幅。你应该把它们从你的观察列表里面删除掉，然后从原来筛选剩下来的股票里面找其他股票来补充。记住，交易就是生意，这些价格图表就是你的员工。作为一个好老板，你应该关心它们：炒掉没有贡献的员工，让激情澎湃的员工代替他们。

基本观察列表需要一个月更新一次。只要重复这个过程就行了：筛选价格、成交量和贝塔值，选出50只贝塔值最高的股票，把它们导入图表软件。当你每个月都做更新的时候，会发现这50只股票的排名变化并不大。适合交易的好股票总是会一起被筛选出来的。但是在有些市场状况下，你需要在每次筛选时替换掉五六只股票。新进来的股票要做好记录，因为你要开始了解这些新股票。如果某家公司被收购了，或者出现了恐怖的新闻事件，你最好把它们从观察列表里面删除掉。随着时间的推进，你会发现那些缺口大的股票通常会制造混乱。

除此之外，你还要每天用特别的方法筛选出几只股票，相关的设置过程我会迟点再讲。你可以把这些股票加入你的观察列表，你也可以像我这么做：不同类型的股票采用不同的观察列表。

关于更新观察列表，我还要讲一句：如果你使用的是 stockcharts.com 的观察列表，你只要点几下鼠标就能把用新的标准筛选出来的股票加入你的观察列表。因为你一共有 10 种筛选方式——这意味着你有 10 种观察列表——这么做非常节省时间。

第 7 章 确定整体市场的方向

对你的观察列表中的股票做技术分析并选出适合做交易的股票是一门艺术，需要很多关于图表的练习。也就是说你最基本的参考就是股票价格图。股票日线图上的价格模式是你赚钱的技术。这意味着你只要技术分析工具就行了，你并不需要：

◇ 每一分钟都要观看美国全国广播公司财经频道或彭博咨询电视台。
◇ 研究几百份损益表——太无聊了！
◇ 研究以前的季度盈利和年度成长。
◇ 担心市盈率和债务股本比。
◇ 关注 briefing.com 和路透社的每条新闻。
◇ 跟踪国民生产总值（GDP）、消费者价格指数（CPI）、生产者物价指数（PPI）、住宅兴建量和就业数据。
◇ 体会美联储的公告到底有什么含义。
◇ 期望上市公司会出现合并、收购、分红、拆分、通过了食品及药物管理局批准，等等。

其实，用技术分析做趋势交易赚钱的方法就是观察图表、找到趋势、顺势交易、趋势结束时平仓。

除了股票价格图表，还有一个分析方法也可以用来交易。它

第7章 确定整体市场的方向

也涉及在价格图表上面做技术分析，但不是在你想交易的股票图表上面分析，你要观察的是整体市场的图表。如果你能把你的交易和整体市场的方向和动量联系起来，那么你的交易赚钱的概率就比较大了。

威廉·欧奈尔在他的畅销书《笑傲股市》中总结出市场的方向是他的 CAN-SLIM 交易策略中重要的部分（也就是 SLIM 中"M"所代表的意思）。欧奈尔的策略包含了基本面分析最基础的原则，还包括分析道琼斯工业平均指数的价格图表。欧奈尔正确地总结了交易成功的方法，你要力所能及地回避两个基本错误：在熊市做多，在顶部买入。

但是欧奈尔在说这句话的时候夸张了："如果你搞错了整体市场的方向，那么4只股票中会有3只股票随着平均指数一起下跌，你就会亏钱。"（欧奈尔的书，第44页）如果你采用我在本书中讲到的系统，你在熊市做多能赚钱，你在牛市做空也能赚钱。

在任何市场趋势交易成功的关键是找到好的图表。熊市中有很多不错的图表在那里闪闪发光，就像在牛市中有很多股票行动缓慢，让人极度讨厌。再次强调，任何有活力的技术系统必须是与图表相关的；如果股票在日线图中没有波动方向，那么无论整体市场如何，你的仓位都是不能赚钱的。

要知道整体市场的类型是什么：牛市、熊市或振荡市场，这是很重要的。重要的原因不是我们要靠这个成功，而是它让我们的工作轻松很多。在牛市里做多的机会比在熊市里要多；在熊市做空的机会又比在牛市里要多，所以知道目前市场的动力并相应地交易比较有效率。更重要的是，顺着整体市场方向交易会让概率对我们有利。我们看图时是否一直正确，这并不重要。但是在牛市中股票倾向于上涨；熊市让大部分股票下跌，这意味着顺着整体市场的方向交易可以弥补看图时的缺陷。

整体市场

在我们更深入地研究整体市场的类型之前，我们先谈谈什么是整体市场。整体市场是由非常专业的小市场组成的整体，每个小市场会影响到整体市场。我们查看各种股票指数就能知道市场每天的整体行为。从趋势交易的目的来考虑，我们只要观察两个基本的指数就行了：标准普尔500和纳斯达克100。为了尽量做到简单，我喜欢观察开发式指数基金（ETF），SPY是标准普尔500对应的ETF基金；QQQQ是纳斯达克100对应的ETF基金。你也可以参考道琼斯工业平均指数（它对应的ETF基金是DIA），它是一个很好的基准，它包含了全国30家最大的公司，也是全世界最具有生产性的公司，但是它和标准普尔500很相似，我们在做整体市场的分析时不一定需要它。

更有经验的交易者还可以分析特定的市场资金指数和板块指数。如果你也想这么做，我建议你把以下图表也加入你的观察列表（再次说明，为了方便，可以把它们加入stockcharts.com或clearstation.com）：

整体市场

- SPY（S&P 500）——追踪500家最大的上市公司。
- QQQQ（Nasdaq 100）——追踪100家最大的科技公司、生物科技公司和电信公司。

市场资金指数

- MDY（S&P Midcaps）——跟踪400家有代表性的中等市值公司。
- IWM（Russell 2000）——追踪2000家小型股公司。

板块指数

- SMH——半导体公司。
- IBB——生物科技公司。
- OIH——石油服务公司。
- HHH——互联网公司。
- RTH——零售公司。
- XLF——金融服务公司。
- XHB——房地产公司。

以上所列的ETF并没有包含所有的ETF基金，但是从这些基金开始已经足够了。顺便说一下，这些ETF基金也是很好的投资对象。我的网站befriendthetrend.com上面会提供指数业务通讯邮件，这份业务通讯邮件重点研究这些ETF基金和其他ETF基金，还包括新基金。这些新基金和整个市场的指数是同步的，但是采用2倍杠杆。我交易了其中几只基金。我们的很多订阅了业务通讯邮件的客户用业务通讯邮件来决定整体市场的方向，并利用业务通讯邮件选出来的股票做趋势交易获得了利润。但是如果你想自己研究整体市场的方向，我们会给你几条原则。

假如说为了方便，你决定把SPY基金和QQQQ基金当作整体市场方向的指标。根据多年的观察和交易这些指数（基金）的经验，我们发现了 5 种不同的市场状况。它们分别是：

- 强势上涨趋势。
- 弱势上涨趋势。
- 强势下跌趋势。
- 弱势下跌趋势。
- 振荡（或没有趋势）。

通常我们只在前面两种类型的市场中做多；喜欢做空的交易者会选择后面两种类型的市场；最后一种类型的市场则充满多头仓位和空头仓位。我们先对不同市场类型下定义。

强势上涨的趋势

焦点

这是可以做多的模式，尤其是向上突破的时候（后面再解释）。

特点

这是每个人都很喜欢的市场——当然"永远的熊市主义者"例外，他们总是认为美国经济要崩溃了。这种市场在 20 世纪 90 年代末产生了疯狂的日内交易：所有证券都在涨，涨得很厉害，几乎每天都在涨。多头完全控制了市场，和空头的每次战斗都是多头赢。只要你有一个好的进场系统，在强势上涨的趋势中赚钱是轻松的。但是，如果这种市场走到头了，就会出现疯狂的卖出现象，它可以在几天之内把你几个月辛苦赚来的钱蒸发掉。所以在强势上涨的市场你要时刻保持警惕，以防止反转动量出现。

用什么指标

强势上涨的市场比较容易发现。以下是关键的指标：

- 20 天均线和 50 天均线金叉。
- 20 天均线和 50 天均线都在上涨。
- 20 天均线和 50 天均线之间的距离比较大，或正在变大。
- 价格回调时只会回调到 20 天均线；最多回调到 20 天均线和 50 天均线之间；价格不会回调到 50 天均线以下。

如何交易

使用后面讲的系统之一。如果你已经做多了，我们想说强势上涨的趋势是最好的市场。如果你来迟了（希望不是太迟），最好的做法就是寻找长期整固并刚刚突破到新高的股票。你必须用我们的几个技术指标确认这些突破。如果价格创造了新高，但是指标没有创造新高，那么你就会看见看跌背离，此时你最好换一只股票。

图例

图 7.1 显示的 SPY 基金的图表，是典型的强势上涨趋势。请注意 20 天均线（虚线）在 50 天均线（实线）上面，而且两条均线都在上涨。另外，20 天均线离 50 天均线很远，它们之间的距离越来越远。最后，请注意 8 月中旬的回调和 9 月的两次回调只是回调到了 20 天均线，然后趋势又继续上涨。

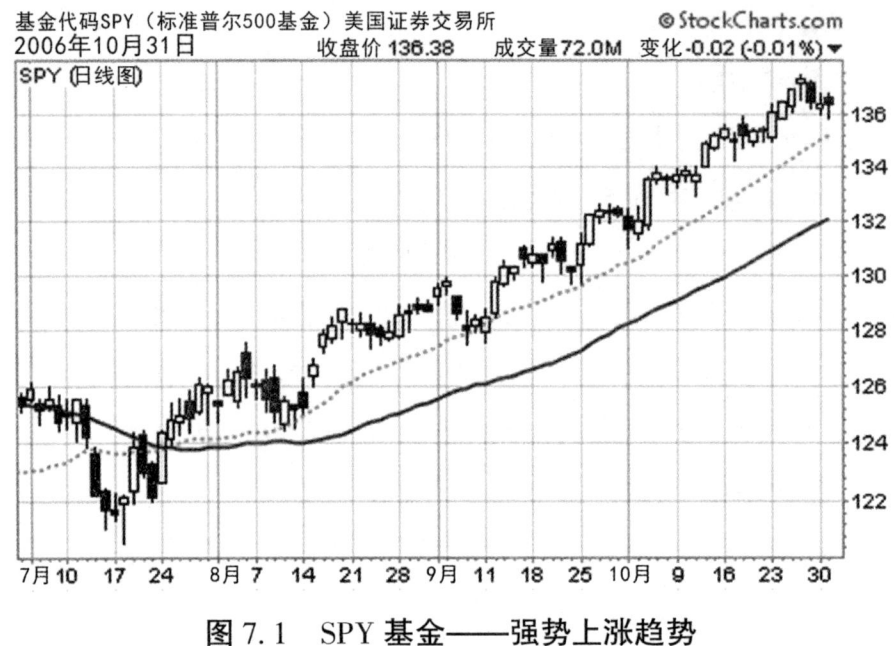

图 7.1　SPY 基金——强势上涨趋势

弱势上涨的趋势

焦点

这是可以做多的模式，尤其是在价格回调的时候（后面再解释）。

特点

因为价格的回调很频繁、很深、时间长，所以这种市场比较难交易。有时候这种回调修正行为会持续数周。如果你是做多的，你会觉得很郁闷。多头好不容易取得了控制权，但是没几天空头又来了，空头开始喧宾夺主。然而，我们可以在这种市场中找到回报风险比很大的股票，所以这种市场也是最好的市场之一。价格回调时间长，但回调化解了风险，所以我们的止损点可以离进场点很近，出场目标可以离进场点很远。

用什么指标

弱势上涨的趋势没有强势上涨的趋势明显，但是只要你有一定的经验，你还是能够识别出它们的。以下是关键的指标：

- 20 天均线大多时候（并非总是）在 50 天均线上面。
- 50 天均线在上涨，但是 20 天均线在上下跳动（大部分时间是上涨的）。
- 20 天均线和 50 天均线之间的距离经常变化
- 回调会跌到 50 天均线（有时候会跌到 50 天均线以下，但时间很短）。

如何交易

使用后面讲的系统之一。我们认为弱势上涨趋势是一个比较理想的趋势交易市场。你应该会发现有些股票的趋势很强（通常比整体市场强），但会回调到支撑区，超卖指标可以确认这样的回调。如果你看见了反转的 K 线，你可以考虑进场。

图例

图 7.2 是 SPY 基金的图表，显示了典型的弱势上涨趋势。请注意 20 天均线在 50 天均线上面，很明显 50 天均线在上涨趋势中。另外请注意 20 天均线是上下摆动的，这表明针对指数的卖出行为很猛很深。你还会发现每次回调都跌到了 50 天均线，有时候跌到了 50 天均线以下，然后又继续上涨。

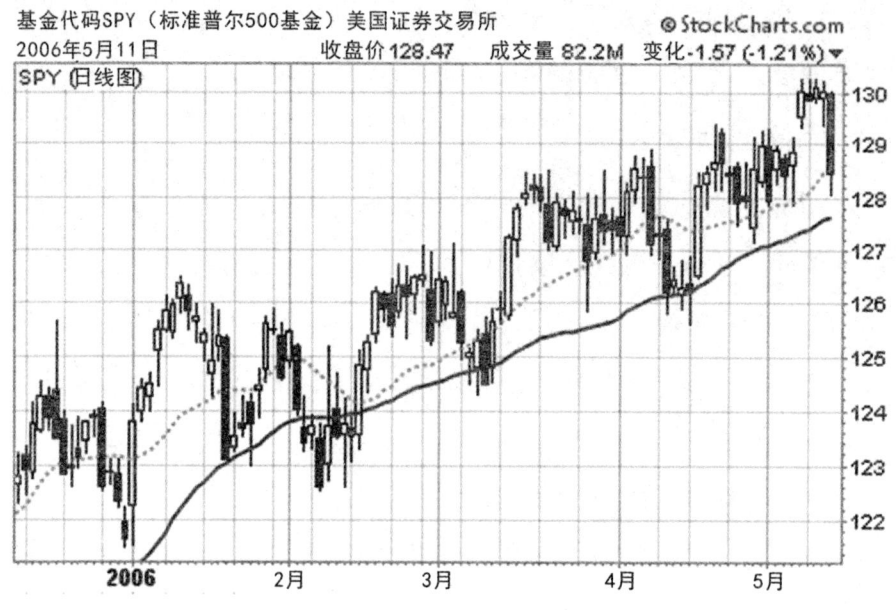

图 7.2 SPY 基金——弱势上涨趋势

强势下跌的趋势

焦点

这是可以做空的模式,尤其是向下突破的时候(后面再解释)。

特点

这种市场恐怕是最难交易的。有两个原因,原因一,熊市总是要和长期的股市趋势(上涨的)做斗争,因此熊市时间一般比较短;原因二涉及空头回补时会导致超级剧烈的波动。强势下跌的趋势会导致市场快速成为超卖状态,此时很多交易系统会自动买入超级便宜的股票。这又会导致交易者和基金经理为了锁定利润只好回补他们的空头仓位。他们这么做的时候,就是被迫买入自己借入并卖出的股票，结果就是回补造成了价格快速反弹（交易者称之为死猫反弹）。但是强势下跌市场的优势就是它下跌的速度比强势上涨市场上涨的速度快。一旦空头控制了市场，空头就要表现了，他们喜欢疯狂地做空并把事情做过头了。你能谴责他们吗？过去200年来，都是神采奕奕的多头做主驾驶，空头做副驾驶，现在空头们总算可以好好表现一把了。你可以利用这个优势。如果你愿意做空——要想以交易为生，你必须愿意去做空——你在强势下跌市场短时间内赚到的钱要比在其他类型的市场中赚得多。此时全世界90%的投资者都是亏钱的，你却赚钱了，这真是刺激。

用什么指标

因为强势下跌市场是强势上涨市场的表弟，所以很轻松地就能找他它。以下是关键指标：

- 20天均线在50天均线以下。
- 20天均线和50天均线都在下跌。
- 20天均线和50天均线之间的距离很大，或正在变大。
- 反弹只会上涨到20天均线，最多反弹到20天均线和50天均线之间。

如何交易

用后面讲到的系统之一。如果你已经做空了，那么可以说强势下跌的市场是最好的市场。但是如果你来迟了（希望不是太晚），最好的做法就是寻找整固了一段时间后向下突破并创造新低的股票。你要用我们使用的几个技术指标确认这些向下的突破。如果价格创造了新低，但是指标没有创造新低，那么就是看涨背离，你应该换一只股票。

图例

图7.3是SPY基金的图表，是典型的强势下跌市场。请注意一旦熊市在4月底开始后，20天均线就在50天均线下面且一直如此。另外还要请注意两条均线都在下跌，且20天均线跌得比50天均线快。另外还要请注意图表中的几次反弹，一旦强势下跌趋势被建立了，反弹到了20天均线之后就要继续下跌。

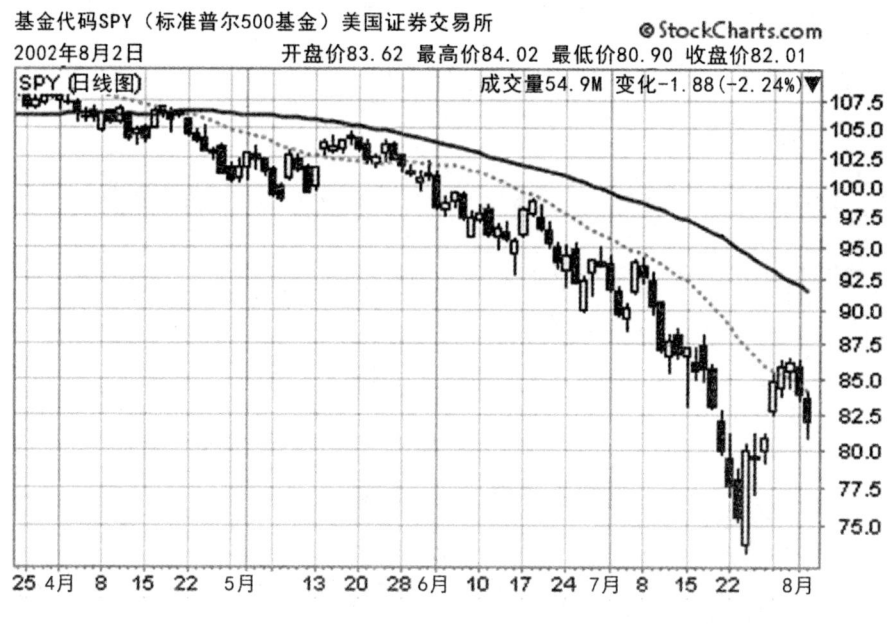

图7.3 SPY基金——强势下跌的趋势

这里要说明一下，请记住我们在前面的警告：如果回补引起的疯狂买入突然出现了，那么强势下跌的市场会突然结束的。请看看在强势下跌市场中当SPY基金测试了20天均线的2周后发生了什么：市场没有沿着主趋势走，而是反转了。

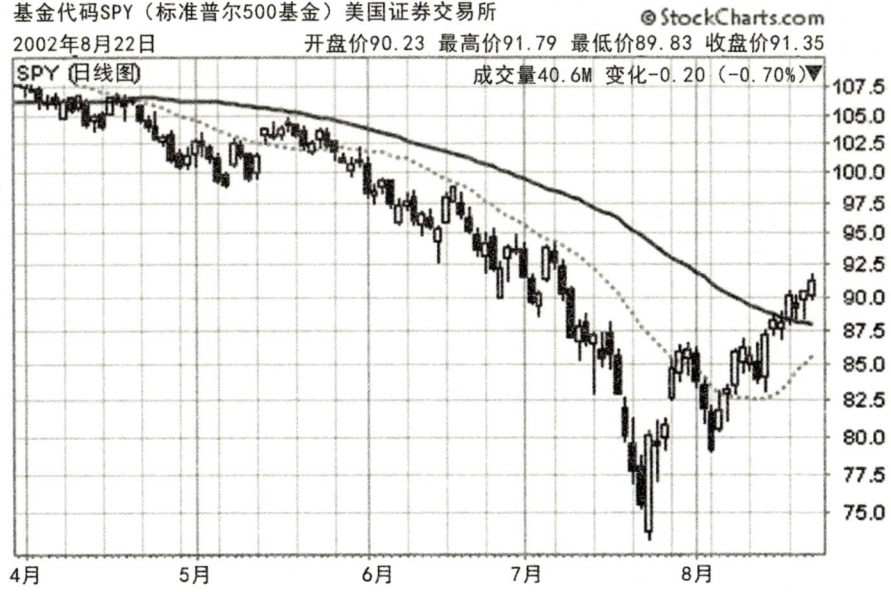

图 7.4 SPY 基金——快速的反弹结束了下跌趋势

弱势下跌的趋势

焦点

这是可以做空的模式，尤其是反弹到阻力区的时候（后面会解释）

特点

这样的市场比强势下跌的市场要容易交易，因为反弹到阻力区时会降低很多风险。但是同样会遇到我们之前说的两个熊市问题。在弱势市场中，修正（反弹）可以持续几周，如果你持有空头仓位，遇到这种情况时会很郁闷。空头好不容易控制了市场，但是过不了几天多头又来了并喧宾夺主。然而弱势下跌的市场像它的表兄一样，是回报风险比最大的模式之一。主趋势中那些长期的修正会消除很多风险，所以我们的止损点可以离进场点很近，出场目标要离进场点很远。

用什么指标

弱势下跌的市场也很容易看出来。以下是关键的指标：

- 20天均线大部分时间（并非一直）在50天均线下面。
- 50天均线在下跌，但20天均线在上下摆动（大部分时间是下跌的）。
- 20天均线和50天均线之间的距离常常变化。
- 反弹会一直上涨到50天均线（有时候会上涨到50天均线以上，但时间很短）。

如何交易

用我们后面讲到的系统之一。我们认为弱势下跌市场是一个很好的趋势交易市场。你应该寻找下跌强度比较强，但反弹到阻力区的股票（通常比整体市场强）。这些反弹应该要得到超买指标的确认。在日线图上，等出现了反转的K线再考虑进场。

图例

图7.5是SPY基金的图表，这是典型的弱势下跌市场。请注意20天均线大部分时间在50天均线下面。在2月有段时间20天均线涨到了50天均线上面——这是指数也许要进入振荡市场的信号。但是随后又出现了一个死叉，趋势又继续了。请注意在整个过程中50天均线是明显的下跌的。还请注意20天均线是上下摆动的，表明指数反弹得很厉害，时间比较长。有几次反弹上涨

到了50天均线，甚至涨到了50天均线上面，然后下跌趋势又开始了。

图7.5 SPY基金——弱势下跌趋势

振荡的市场（没有趋势）

焦点

这种市场既可以是做多的模式，也可以是做空的模式，尤其是趋势线向上/向下突破的时候（后面会解释）。

特点

振荡市场是买入并持有的投资者造成的，但是对于技术交易者来说就是天赐之机。因为我们使用的技术指标（随机指标、

CCI 和 RSI）在振荡市场能有效地给出超买和超卖信号。如果你愿意频繁交易，在振荡市场就能赚很多钱。因为整体市场大部分时间都是振荡的，所以学会确认振荡市场是很关键的。在振荡市场，价格在支撑点（比较低的价格）和阻力点（比较高的价格）之间上下波动，价格相当于在两条水平线之间跳动。这样的市场表明多头和空头正在战斗，但是双方都没有胜出的迹象。两条水平线之间的交易区间有大有小，通常交易区间越大，价格待在区间的时间越长。如果区间很窄，那么就很容易被向上或向下的价格打破。

用什么指标

振荡市场通常不太好判断，但还是有一些原则的。以下是关键的指标：

- 20 天均线在 50 天均线之上的时间和在 50 天均线之下的时间差不多。
- 50 天均线几乎是水平的，20 天均线则有涨有跌。
- 20 天均线和 50 天均线之间的距离变化很大。
- 在两条均线之间会发生很多上涨和卖出的现象。

如何交易

用我们后面讲到的系统之一。现在只能说当振荡市场第一次出现时会让交易者感到很郁闷，尤其是在强势上涨或下跌之后。交易者会很不情愿从能赚快钱、动量强劲的市场转到更需要策略更需要动脑子的振荡市场。但是一旦振荡形成了，它是很理想的交易环境。在交易区间，我们用趋势线来找到界定交易区间的小趋势，并使用技术指标来找到超卖、超买、看涨背离和看跌背离。当价格到了支撑点和阻力点附近时我们就做反转,反转靠趋势线的突破确认。指标的背离常常是最好的找到反转的关键所在,还能让我们在振荡区间精准地找到波动的顶部和底部。

图例

图 7.6 是 SPY 基金的图表,显示了一个很宽的振荡区间。请注意在此期间 50 天均线基本上是水平的,而 20 天均线则跟着价格有上有下。还请注意价格并不会在两条均线附近停留多久,而是在大部分时间里有上有下,似乎两条均线不存在一样(在有趋势的市场均线可以被用来当作支撑或阻力)。20 天均线的迂回波动像过山车一样,这个信号告诉我们这是振荡市场。

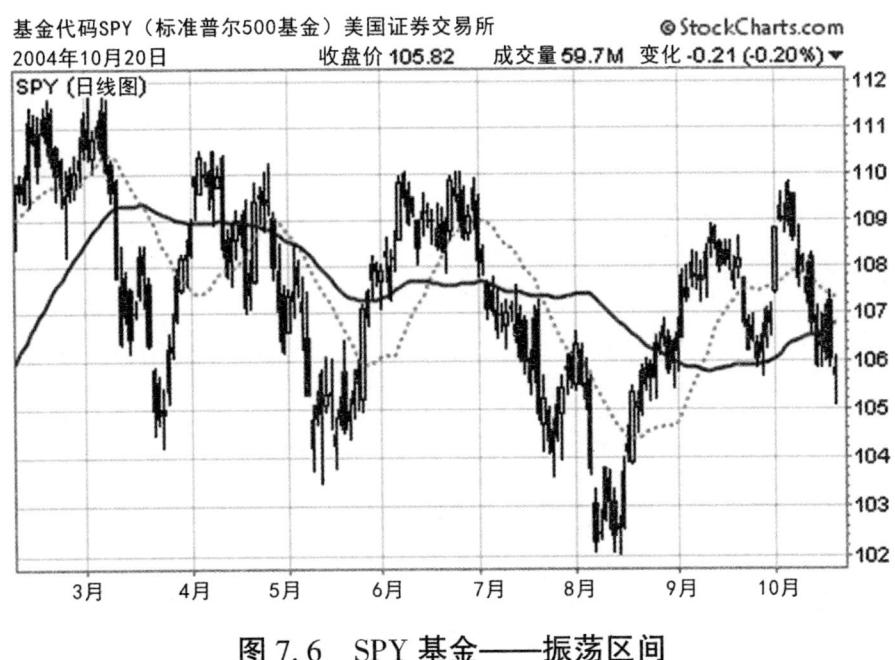

图 7.6 SPY 基金——振荡区间

一旦知道你交易的市场是什么类型,你就知道了要寻找什么样的交易：做多、做空、向上突破、向下突破、回调到支撑点、反弹到阻力点，等等。正如我在本章节开始指出的那样，你的交易策略并不是最重要的。作为成功的趋势交易者的关键是找到最好的图表，不要理会市场的其他部分在干什么。如果随着市场资金的流动，你总能站在正确的一边，你就拥有了极大的优势。有时候这种优势就是长期成功和短期破产的区别所在。

第 8 章
测试你解读市场的技术

在此后的几页中我会展示一些 ETF 基金的图表,这些 ETF 基金代表了几个最主要的几个大盘指数,这些基金分别是:SPY(对应标准普尔 500)、DIA(对应道琼斯工业指数)和 QQQQ(对应纳斯达克 100)。请拿出一张纸并记录下你认为这些图表代表了什么样的市场类型。我们最好先复习一下每个市场类型的特点是什么,然后再做判断。

强势上涨的趋势

- 20 天均线在 50 天均线上面。
- 20 天均线和 50 天均线都在上涨。
- 20 天均线和 50 天均线之间的距离大,且/或正在变大。
- 回调只会下跌到 20 天均线,最多下跌到 20 天均线和 50 天均线之间。

弱势上涨的趋势

- 20 天均线大多时候(并非总是)在 50 天均线上面。
- 50 天均线在上涨,但是 20 天均线在上下跳动(大部分时间是上涨的)。
- 20 天均线和 50 天均线之间的距离经常变化
- 回调会跌到 50 天均线(有时候会跌到 50 天均线以下,但时间很短)。

强势下跌的趋势

- 20 天均线在 50 天均线以下。
- 20 天均线和 50 天均线都在下跌。
- 20 天均线和 50 天均线之间的距离很大,且/或正在变大。
- 反弹只会上涨到 20 天均线,最多反弹到 20 天均线和 50 天均线之间。

弱势下跌的趋势

- 20 天均线大部分时间(并非一直)在 50 天均线下面。
- 50 天均线在下跌,但 20 天均线在上下摆动(大部分时间是下跌的)。
- 20 天均线和 50 天均线之间的距离常常变化。
- 反弹会一直上涨到 50 天均线(有时候会上涨到 50 天均线以上,但时间很短)。

振荡

- 20 天均线在 50 天均线之上的时间和在 50 天均线之下的时间差不多。
- 50 天均线几乎是水平的,20 天均线则有涨有跌。
- 20 天均线和 50 天均线之间的距离变化很大。
- 在两条均线之间会发生很多反弹和卖出的现象。

对于以下这些图表(图 8.1 到 8.20),请判断它们的市场类型,看看你的正确率有多高。正确答案在这些图表的后面,还有我的评论。请注意有些图表的类型介于两种类型之间,所以你要同时了解两种市场的类型才能判断正确。还有些图表显示的市场类型不止一种。所以要认真思考,然后再回答。请研究不同市场类型的特点,一定要认真作答!

道琼斯工业平均指数，2006年

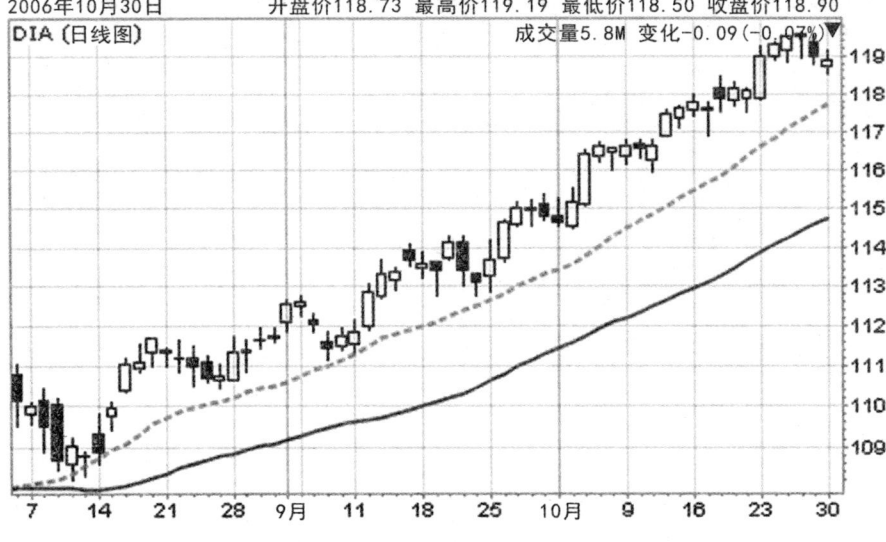

图 8.1　趋势测试图表 1

标准普尔 500，1998 年

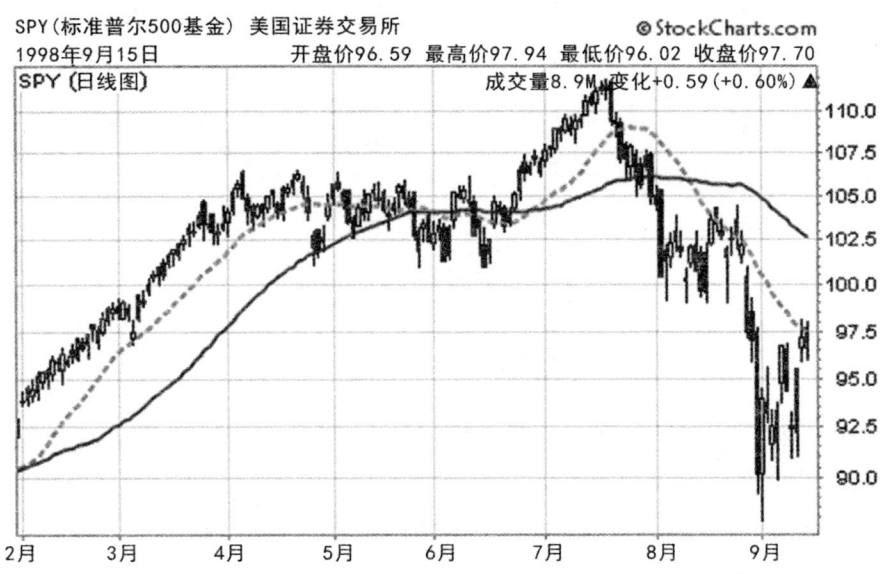

图 8.2　趋势测试图表 2

标准普尔500，2000年

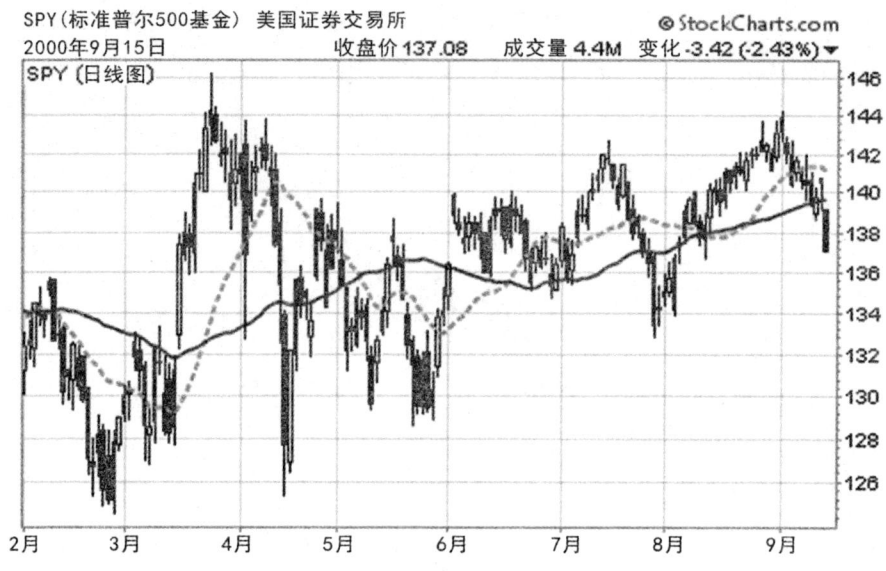

图8.3 趋势测试图表3

标准普尔500，2006年

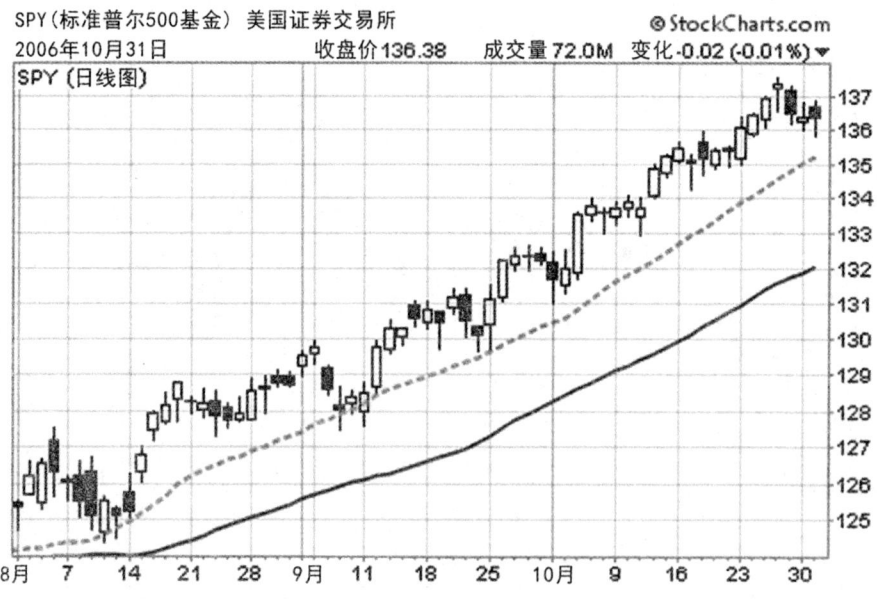

图8.4 趋势测试图表4

标准普尔500，2005年

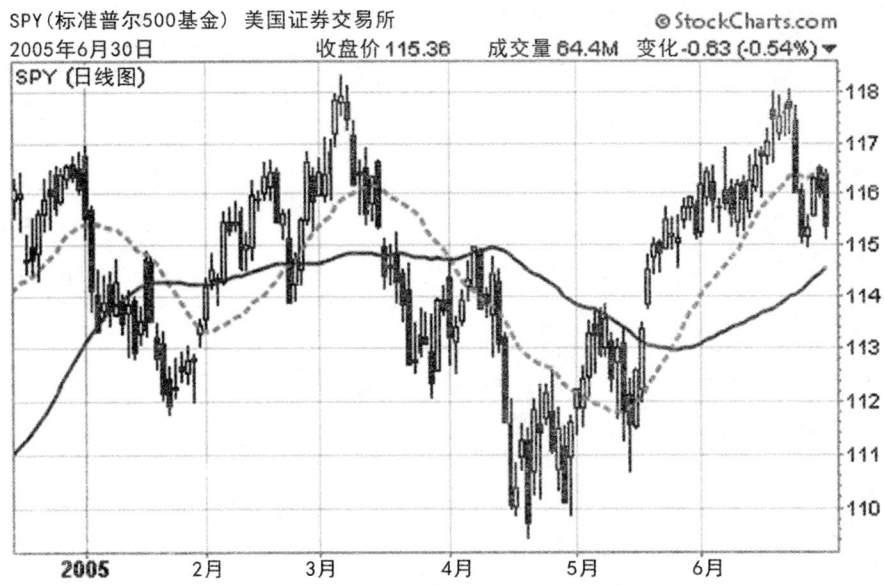

图8.5　趋势测试图表5

纳斯达克100，2006

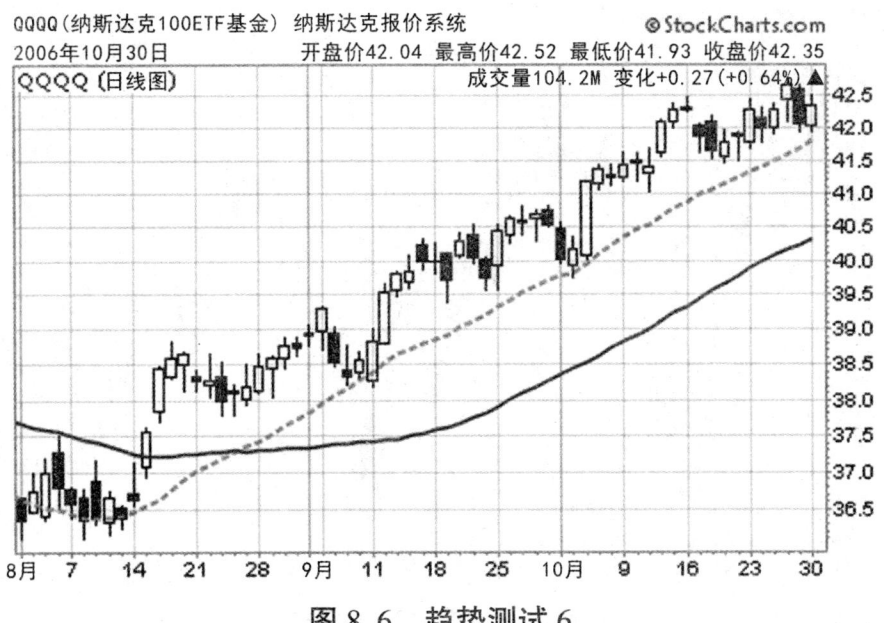

图8.6　趋势测试6

道琼斯工业平均指数，2000 年

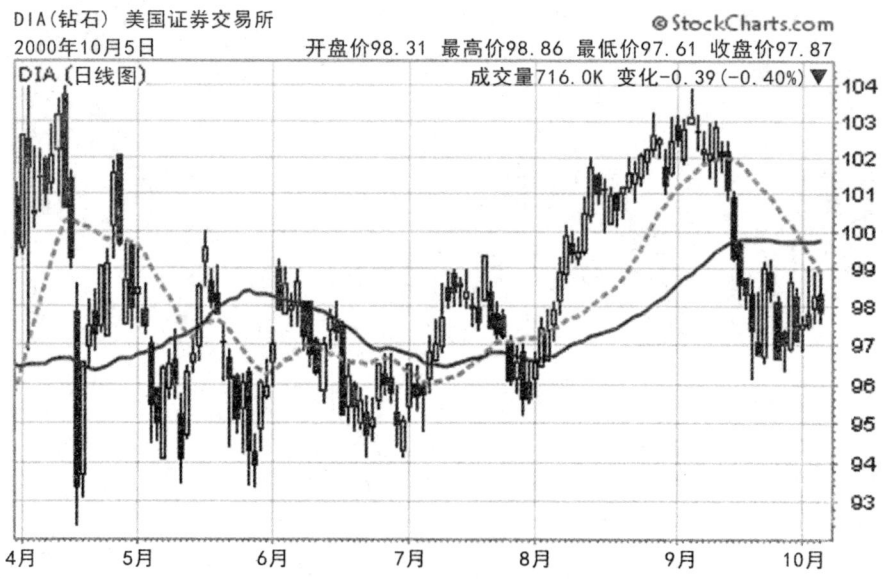

图 8.7　趋势测试图表 7

道琼斯工业平均指数，2004 年

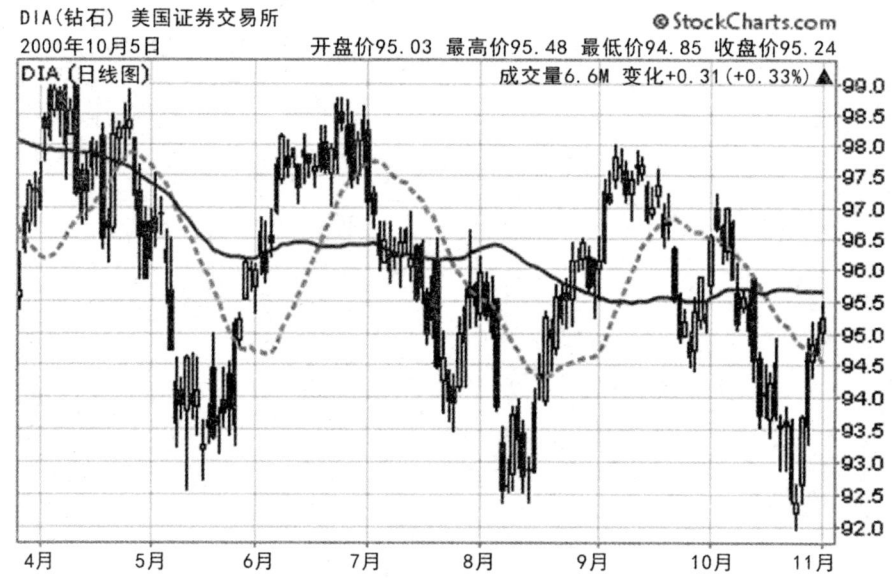

图表 8.8　趋势测试图表 8

纳斯达克100，2004年

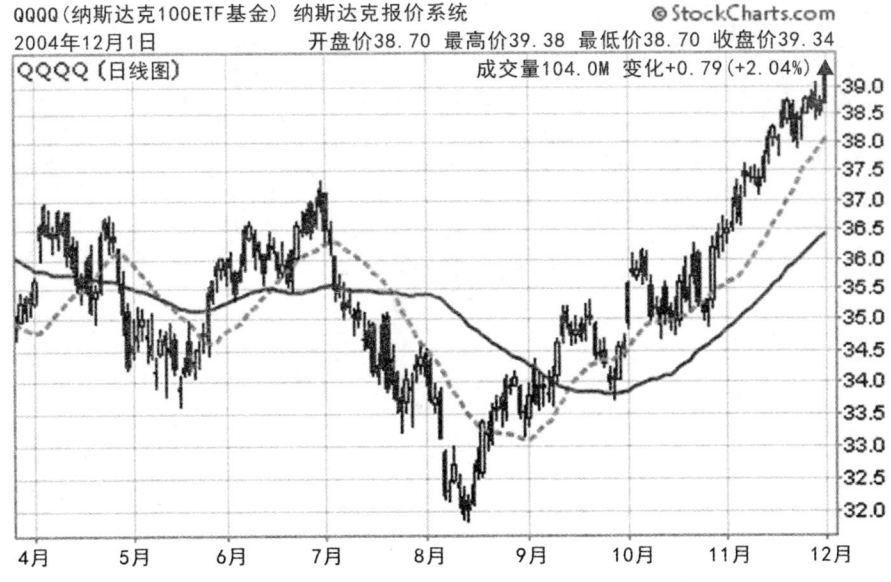

图8.9 趋势测试图表9

标准普尔500，2005年

图8.10 趋势测试图表10

纳斯达克100，2001年

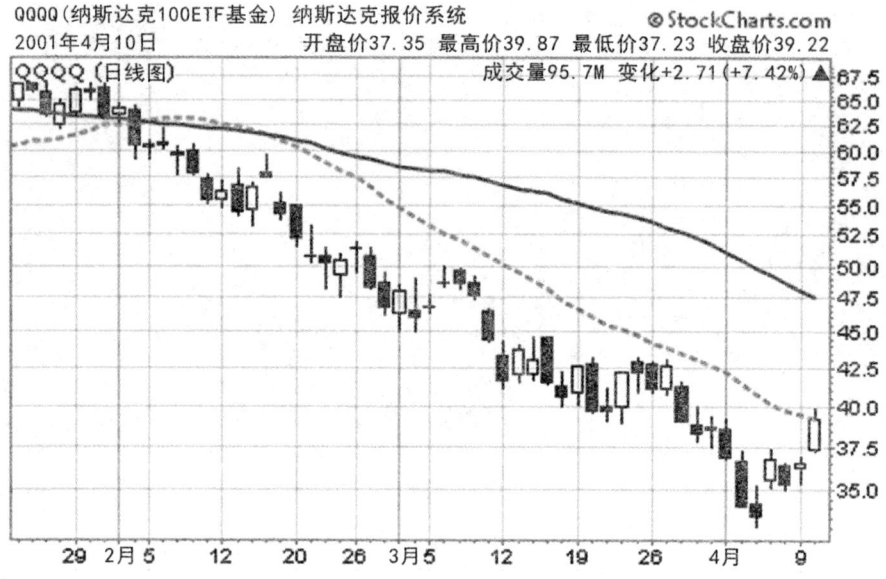

图8.11 趋势测试图表11

道琼斯工业平均指数，2006年

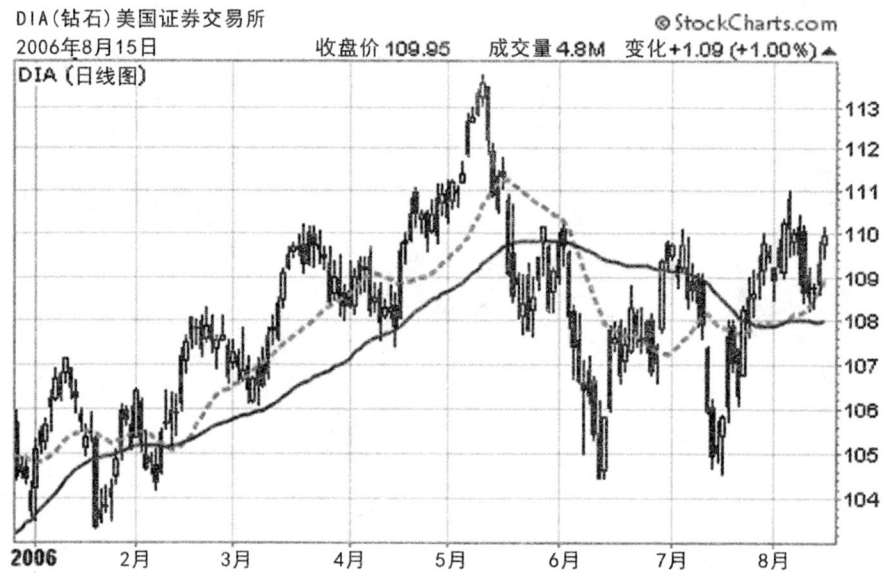

图8.12 趋势测试图表12

纳斯达克100，2006年

图 8.13　趋势测试图表 13

道琼斯工业平均指数，2004年

图 8.14　趋势测试图表 14

纳斯达克100，2004年

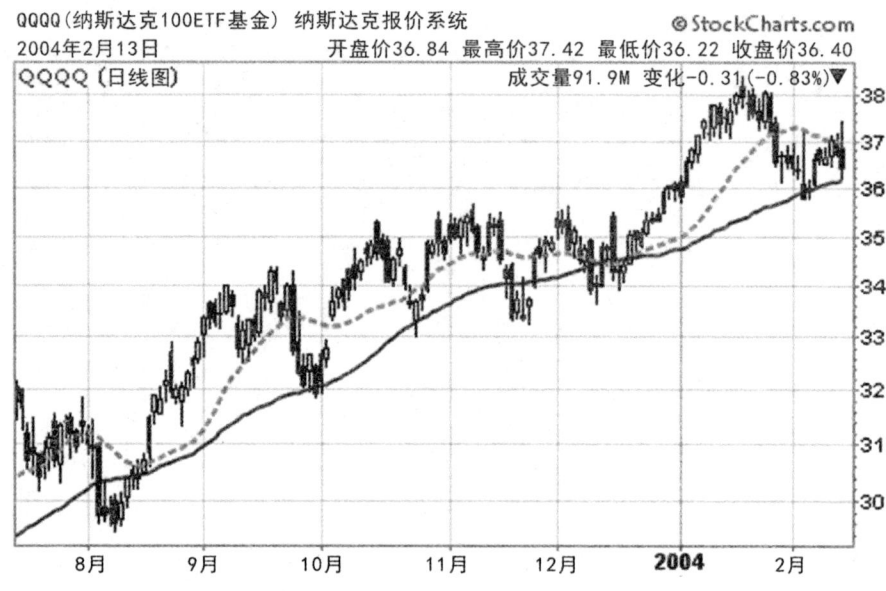

图 8.15　趋势测试图表 15

纳斯达克100，2001年

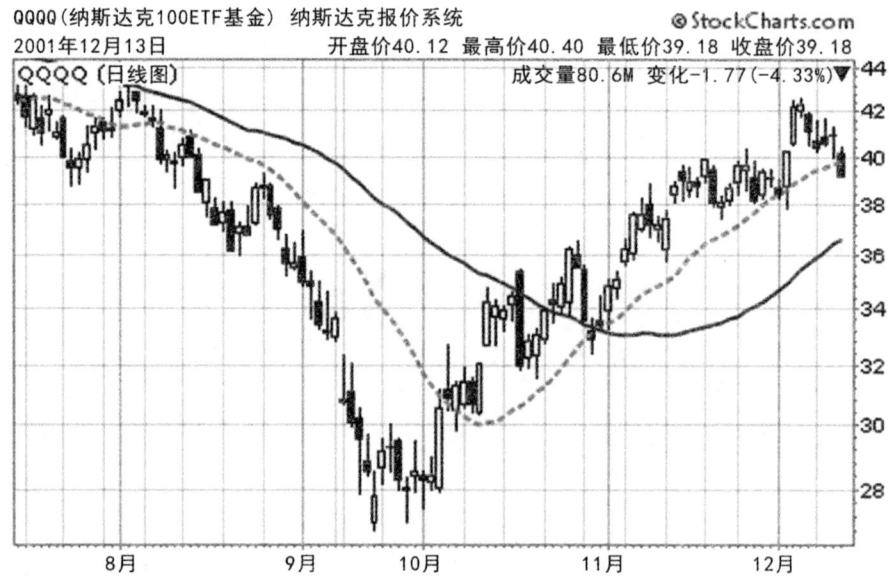

图 8.16　趋势测试图表 16

道琼斯工业平均指数，1999 年

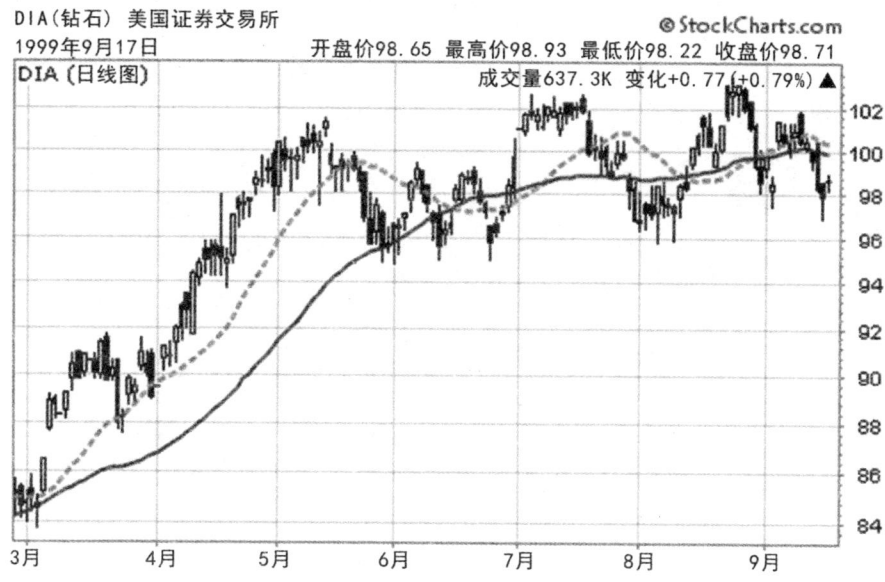

图 8.17　趋势测试图表 17

道琼斯工业平均指数，2003 年

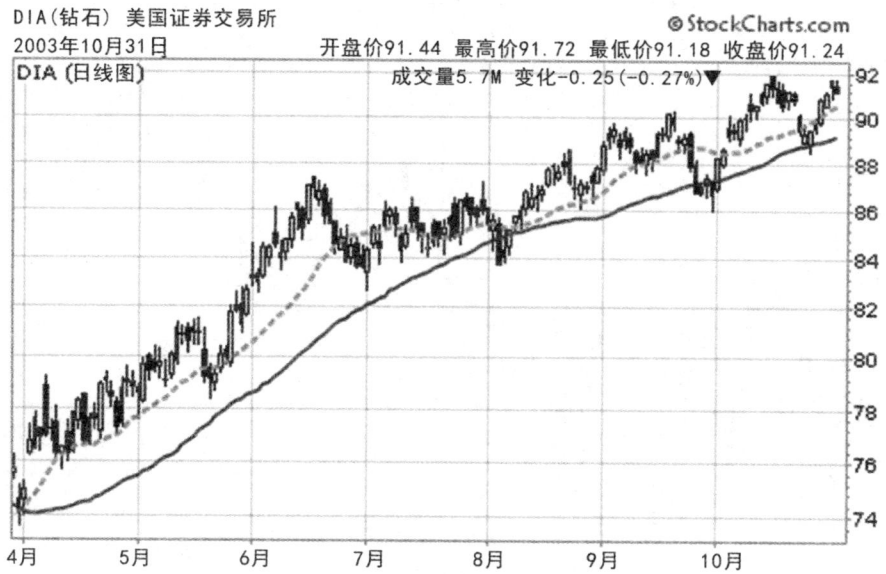

图 8.18　趋势测试图表 18

纳斯达克 100，2005 年

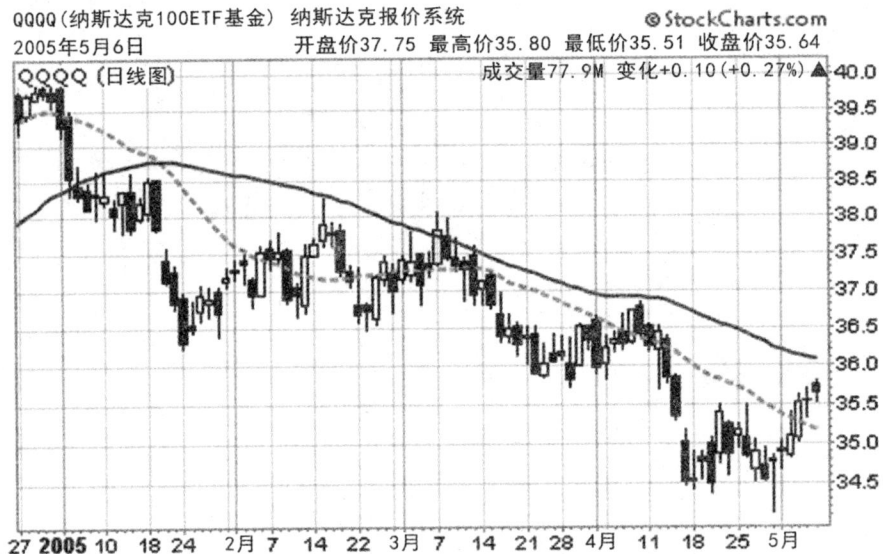

图 8.19　趋势测试图表 19

纳斯达克 100，1999 年

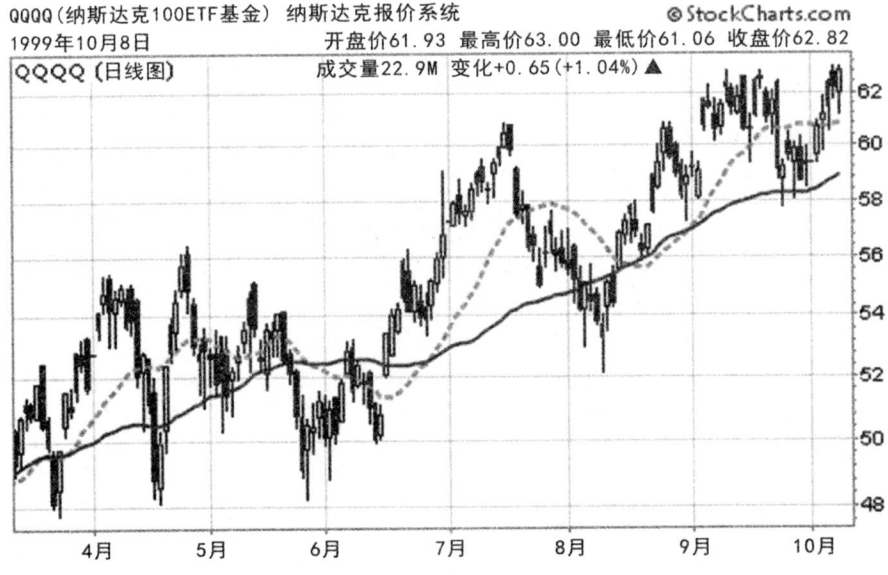

图 8.20　趋势测试图表 20

记住，这些答案和评论是我根据多年积极的交易经验客观地研读图表得出的结论。正如我所说的，解读图表并非是精准的科学，无论你使用了多少原则和方法，都要保持客观。但不管怎样，认真使用我们在前面说的原则还是能让我们基本上保持正确的。我们交易时不是为了寻找精确，在交易场所，精确是买不到的商品。交易游戏赚大钱所需要的就是对的次数比错的次数多。

以下答案是我的看法（你可以和我争论，但最好要有充分的理由！）。如果你判断正确了，请给自己加分。

1. 这是明显的强势上涨市场，勿庸置疑。【1分】

2. 这个图比较难判断。图的左边表明是强势上涨趋势，后面就变得模糊了。市场进入整固期间，也就是振荡区间；但是因为20天均线的变化并不是迂回的，所以这是一个转换的时期。从这里开始会有两个可能性，要么市场出现短期的强势上涨趋势，然后出现快速的强势下跌趋势；要么市场转换到更宽的振荡区间。需要更多的时间才能知道哪个可能性是对的。只要你的答案是两者之一，你就可以给自己加分（事实上市场在1998年底进入了宽广的振荡区间）。【2分】

3. 我们看见的是振荡市场。整体市场有点上涨，50天均线变化比较厉害，所以很难说这是一个上涨趋势。50天均线是趋势市场的关键：它应该是毫不犹豫地上涨或下跌（有点横盘是正常的，但不要总是逆着趋势的方向）。20天均线波动很厉害，我们可以利用一些趋势线做向上或向下的突破。【1分】

4. 明显的强势上涨趋势。多么完美的图表啊！【1分】

5. 又是一个振荡市场。请注意20天均线的上下摆动。【1分】

6. 又是一个明显的强势上涨趋势。这个趋势是花了一点时间才形成的，但是当 9 月 11 日价格回调到 20 天均线然后又上涨时，我们就能确认多头控制了市场。【1 分】

7. 又是一个振荡市场，因为 50 天均线拒绝确认上涨的趋势。9 月底有一周左右的时间市场强势上涨，但是一旦价格回调并下跌到 50 天均线以下，那么就否定了上涨的可能性。【1 分】

8. 很明显的振荡区间。请看 20 天均线：在上下摆动！【1 分】

9. 这张图表上面发生了很多事。这张图表上有 5 个明显的市场类型：怎么会有怎么多？很明显，在图表的左边是振荡区间，这个很容易看出来。然后在 7 月和 8 月出现了严重的下跌，我们可能会认为这是强势下跌趋势。当价格反弹碰到了 20 天均线然后又继续下跌到更低点时，50 天均线出现了向下的坡度，所以这是第二种市场类型。但是到了 9 月初，价格又快速涨到了 50 天均线以上，把原来的趋势改变了。此时我们应该说市场又回到了振荡市场，只是这次振荡区间比较宽些。但是价格指数又继续上涨，9 月底的第一次回调碰到了 50 天均线，但并没有闯过它，这让我们看见了第 4 个市场类型：弱势上涨趋势。这个趋势一直持续到 10 月中旬，市场开始整固把指数带到了 20 天均线附近。价格在这里守住了然后又强势上推到更高点。价格再没有回到 50 天均线，这说明在图表的右边又是强势上涨趋势了。很明显指数继续爬升，20 天均线离 50 天均线越来越远。如果你按照顺序判断对了，每对一次就给自己加 1 分。【5 分】

10. 振荡市场，勿庸置疑。【1 分】

11. 强势下跌趋势，毫无疑问是的。【1 分】

12. 这张图表有点意思。一开始是明显的弱势上涨趋势，请注意价格频繁地回调到 50 天均线，这是持续的上涨趋势。但是随后图表变成了振荡，价格在振荡中上涨，50 天均线开始变得水平了。到了 7 月中旬我们可以说市场开始转变到弱势上涨趋势，因为 50 天均线开始变成了阻力区且开始转头向下了。但是到了 7 月底又反弹了，指数涨到了 50 天均线以上，这向我们确认了价格还在振荡区间，并没有开始新的趋势。【2 分】

13. 一开始是振荡区间，然后价格快速下跌形成强势下跌趋势，振荡区间被向下突破了。这种振荡区间太狭窄了，是最难交易的市场。如果振荡区间很宽广，那么就可以既做多又做空，这样也是很赚钱的。但是此处的振荡区间太窄了，无法交易，除非你是日内交易者，可以考虑去交易。一旦我们遇到了狭窄的振荡市场，那么我们就要从观察列表中去寻找条件更合适的，有明显上涨或下跌趋势的股票。【2 分】

14. 一开始是弱势上涨趋势，然后变成了强势上涨趋势。反正都适合做多。【2 分】

15. 很明显是弱势上涨趋势。【1 分】

16. 我们看见图中的强势下跌趋势快速反转成强势上涨趋势。造成强势反转的原因是 2001 年 9 月 11 日恐怖分子对美国的袭击。你能看见市场重新开盘后明显的向下跳空缺口（被袭击后市场休市了 4 天），随后的大量卖出让指数跌到了很低的价位。指数又从那里开始在几周内上涨了 50% 多。在强势趋势被确认前——通过指标的看涨背离——我们就能知道要做多。【2 分】

17. 强势上涨趋势，然后又在振荡区间内整固。【2 分】

18. 强势上涨趋势变成了水平趋势，最后进入弱势上涨趋势。请注意发生在两个市场之间的转化。快速上涨后我们看见 7 月的价格在整固，20天均线开始变得水平，指数一直跌到50天均线，甚至跌到它的下面一点点。但是一旦50天均线支撑住了，指数就会上涨，现在还是在上涨趋势中，只是现在没有前几周那么强了。再次说明，强势趋势离开20天均线，弱势趋势离开50天均线。

19. 很明显是弱势下跌趋势。请注意在1月的超大的向下跳空缺口，还请注意50天均线总是起到了阻力作用。【1分】

20. 很简单：在8月中旬前是振荡市场（因为价格很轻松地穿过了50天均线），随后在50天均线处成功地获得了支撑，成为弱势上涨趋势。【2分】

你的成绩如何？对于你判断成功的市场类型，每次给自己加1分。在20张图表中共有32个市场类型。如果你有不同意见，你可以写电子邮件给我，不过我还是坚持以上看法。

你可以这样给自己评分：

30分：优秀！

请写信给我，也许我能为你提供一个工作机会。

25到30分：很好！

有不少经验，你会成为优秀的图表分析人士。

20到25分：不差，但……

我建议你再次阅读本章，并在行动前多看看这些图表。

15到20分：运气不佳？

去喝杯咖啡，然后再重新测试一遍。

小于15分：千万不要辞职！

不要责怪本书的作者没讲清楚！

PART THREE

第三部分 开始趋势交易

第 9 章
选择上涨的股票进行趋势交易

CHAPTER 09

在本章，我将把 10 个关键模式介绍给你。这 10 个模式是我的网站 befriendthetrend.com 多年来总结得最好的趋势交易模式。每个模式都是我私人拥有的，但这并非意味着我有版权，也不意味着我用"黑盒子"编了一些公式，然后拿到昂贵的研讨会去兜售。我只是说这些模式都是我（"斯托克博士"）设计的，befriendthetrend.com 团队对这些模式做了严格的测试并用真钱交易了。我们在不同业务通讯邮件中都使用了这些模式来寻找交易机会，我们在管理"和趋势做朋友"基金时也在用真钱交易。虽然它们所使用的技术元素都是很寻常的——任何图表系统都能显示这些元素——但是它们的业绩却不寻常。

这里说的模式是指价格模式的组合——价格在图表上的特定图形——和指标，它们一起对股价的未来方向提出了合理的有信心的预测。你看图的技术强并不代表价格就按照预测的方向走。但是我选择的这些模式在过去都显示了概率比较高的赚钱机会，因此它们是高概率的模式。

我们会告诉你每个模式的几个方面，会指明每个模式适合哪种市场类型。这并非意味着一个模式只能适应于一个市场类型——我只是说这个市场类型提供优势的可能性大些。我们还会告诉你在观察列表中确认模式的原则（请看第6章设置观察列表），包换确认进场的原则。我们还会告诉你如何用筛选工具寻找这些模式。一旦你的观察列表不能找到符合模式的股票，你就要使用这些工具来查找。我们会具体地告诉你开始针对一个新股票建仓时如何使用这些模式。对于每个模式，我们会给你2~3个图例来解释在实战时如何运用每个模式。

为了方便，我们在第10章会讲解5个看涨模式和5个看跌模式。在第11章，我们会讲一个很重要的话题，那就是在进场和出场时如何做到在控制亏损的同时尽量扩大利润。

在开始前，如果你不了解K线，你可以到几个网站去学习。我可以推荐3个网站给你：

- www.altavest.com
- www.stockcharts.com
- www.incrediblecharts.com

在我们的几个系统中K线的形态很重要，所以你在继续学习前一定要先搞懂K线的基本术语。K线的形态几千种，但是我只重点关注以下几个经常出现形态：

- 十字星
- 锤形和倒锤形
- 刺穿
- 晨星/暮星
- 阳包阴/阴包阳

一旦你学好了K线知识，你就可以开始寻找最顶尖的10个模式了。我把它们分成了两种类型：5个看涨的模式和5个看跌的模式。如果你想做多，希望买入后的几天价格上涨，那么你就寻找我们看涨的模式；如果你想做空，希望进场后的几天价格下跌，那么你就寻找看跌的模式。

在有些市场状况下你可能找不到太多的模式，甚至一个模式都找不到。在其他市场状况下，你也许能发现几十个可以交易的模式。最好的思想状态就是你能捕捉到市场给你的任何机会。以下是5个看涨的模式。

回调

市场类型

这个模式最好应用在：

- 强势上涨的市场。
- 弱势上涨的市场。

特点

这是我一直很喜欢的模式。它最初来自我于1996年参加的一次研讨会，这个研讨会是一位股市大师举办的，不过他现在的名声可不好。证券交易委员会判定这个人在他的网站上面有欺诈行为，不过客观地说，这个人在当时举办的研讨会上收费倒是合理的。在那次研讨会上学到的关键工具帮助我形成了这个模式。这个模式聚焦于上涨趋势的股票，在上涨的同时股票还有一点弱势。这种弱势可能是有人兑现利润造成的，或者是消息引起的，也可能是盈利报告引起的。无论如何，我们都认为这些弱势是暂时，所以就是买入的机会。通常在一段时期的小弱势之后——随机指标到了超卖的水平——主上涨趋势会继续上涨，因为之前错过了交易机会的交易者会利用下跌买入。

关键指标

在回调模式中，有3个关键指标：

- 你要确认上涨的股票（请看定义）回调到了上涨的20天均线，或20天均线到50天均线之间，或跌到了50天均线。如果这次回调正好跌到了上涨趋势线，那就更好了。

定义：上涨趋势的股票就是指股票至少在3个月内底部越来越高（也可以是高点越来越高，但严格地说，这不是必要的）。弱势上涨的股票是指上涨趋势的股票的20天均线在大部分时间是上涨的，且大部分时间高于上涨的50天均线。强势上涨的股票是指上涨股票的20天均线一直在上涨，且一直在上涨的50天均线的上面。这两条均线之间的距离越大，上涨趋势越强。

- 第二，在价格回调的同时，随机指标必须快速下跌到超卖线20以下，这就确认了股票在超卖状态。
- 第三，目前的K线必须显示某种形式的上涨反转（倒锤形、阳包阴、刺穿形或十字星）。如果目前的K线是看跌的，或者是收盘价比开盘价低，那么就要再等等。你应该在第二个交易日继续观察这只股票。
- 买入信号：这3个因素形成买入信号，股票准备好在回调后上涨。

筛选工具

回调模式大部分发生在弱势上涨市场中，其间市场会有短期的价格整固或有人在兑现利润。回调也会发生在强势上涨的市场，波动性厉害的股票回调一般都比整体市场要厉害。有时候因为市场周期的自然原因并不会常常出现回调。如果你观察列表中的股票都没有明显的回调，你可以用特殊的筛选功能从更多的股票里面去筛选。要想筛选到发生了回调的股票，在stockcharts.com 的筛选工具里输入以下标准：

◇ 市场收盘后：

◇ 所有满足以下条件的股票……

- 当天成交量的 60 天均值大于 50 万。
- 当天收盘价的 60 天均线大于 15。
- 当天出现了阳包阴模式（你也可以用刺穿、锤形或十字星等功能选择）。
- 当天收盘价的 20 天均线大于 50 天均线。
- 当天收盘价至少是 5 天前收盘价的 1.15 倍。

筛选以后根据市场状况不同，通常你会得到 2 到 20 只股票。如果得到的股票数量太多，你可以把筛选条件改为当天成交量的 60 天均值大于 100 万，且当天收盘价至少是 5 天前收盘价的 1.20 倍。如果得到的股票数量太少，你可以把倍数减小到 1.10 或更小。但成交量的均值不能低于 50 万。

如果这次筛选并没有筛选出有效回调的股票，你可以把筛选条件改为：

◇ 市场收盘后：

◇ 所有满足以下条件的美国股票……

- 今天成交量 20 天均值大于 100 万。
- 今天收盘价的 60 天均线大于 5。
- 今天收盘价的 20 天均线大于 50 天均线。
- 今天收盘价的 50 天均线大于 200 天均线。
- 今天收盘价的 50 天均线大于 10 天前收盘价的 50 天均线。
- 今天收盘价的 200 天均线大于 20 天前收盘价的 200 天均线。
- 今天收盘价小于 5 天前的收盘价。
- 7 天前的收盘价大于 20 天前的收盘价。
- 今天的收盘价小于或等于今天收盘价的 20 天均线。
- 今天的收盘价大于或等于今天收盘价的 50 天均线。
- 今天的开盘价小于或等于今天的收盘价。
- 今天的随机指标的%K 大于今天随机指标的%D（参数分别是 5，3）。

图 9.1 是一只强势上涨的股票，股票代码是 BRCM，它回调时给出了买入信号。请注意，很容易能看出这只股票的趋势是上涨趋势，而且是强势上涨趋势，上涨的 20 天均线一直在上涨的 50 天均线上面。我们能看见有两次价格回调到了 20 天均线附近，然后就出现了上涨的 K 线：第一个信号处有一个阳包阴，在第二个信号处有一个十字星。

第9章 选择上涨的股票进行趋势交易

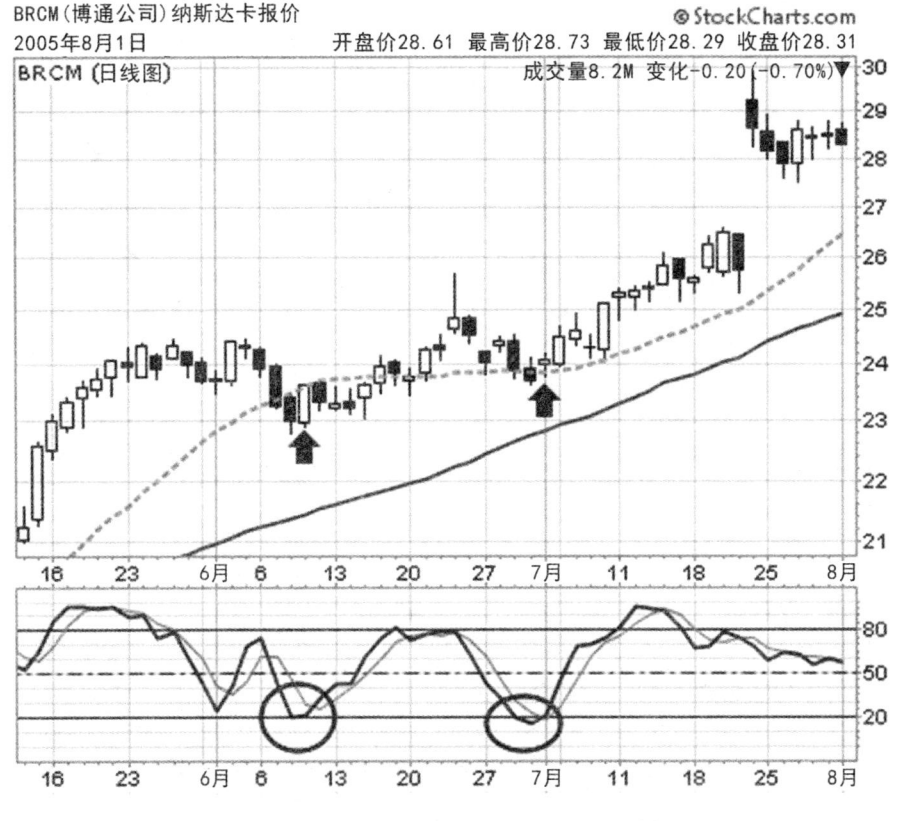

图 9.1 BRCM 股票显示了回调模式

图 9.2 是另外一只强势上涨的股票，代码是 QCOM，它给出了等待并观望的信号（第一个箭头），随后是 2 个回调买入信号。请注意 2 个买入信号中的第一个信号（第二个箭头）发生在强势上涨趋势中，它让我们有点过早地进场了。但是只要设置好了止损点，我们就没事（请看第 11 章）。只要有点耐心，这笔交易最终是赚钱的。第二个买入信号出现在弱势上涨趋势中，但是仍然是一个赚钱的机会。

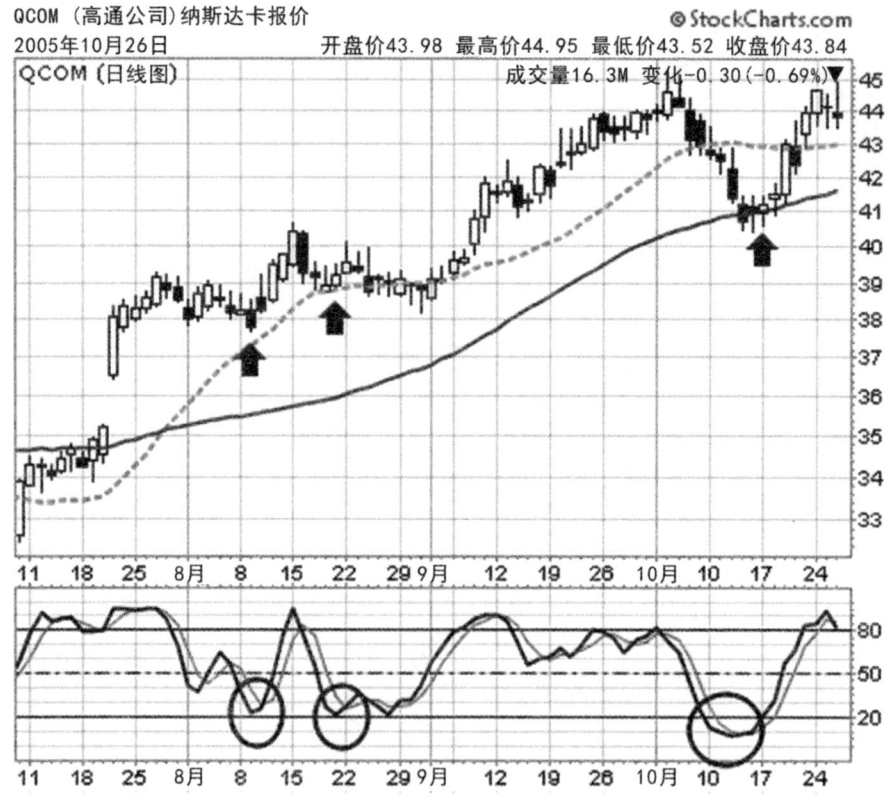

图 9.2　QCOM 股票显示了回调模式

压缩弹簧

市场类型

这个模式最好用在：

- 强势上涨的市场。
- 弱势上涨的市场。
- 振荡的市场。

特点

根据压缩弹簧形状的不同,有时候也叫做上涨旗形、上涨三角旗或对称三角形。我们把它们统称为压缩弹簧模式。压缩弹簧模式的前提是,股票强势上涨了一段时间后,股票需要休息一下,它就会整固自己的价格。一旦股票变弱了,就会有人卖出,导致利润回吐。但是强势股票喜欢在振荡的时候积累能量。它们振荡的时候,价格就会在很窄的区间——弹簧压得越来越紧——直到股票准备好再次上涨为止。当弹簧最终弹开时,通常它会形成向上的动量喷发,这是很赚钱的。

关键指标

这个模式关键是要搞懂压缩弹簧的准确定义。以下是相关参数:

- 使用压缩弹簧模式时,你要寻找弱势上涨的股票(请看前面的定义)在最近创造了新高。最近是指过去20个交易日内。新高必须是至少3个月的新高。
- 股票创造了新高以后,股票会在压缩的弹簧内整固(请看定义)。压缩弹簧可以是又矮又紧,也可以是放松振荡的,但是这个模式要求弹簧要越来越窄(交易区间要小)。

定义:在过去的7到20个交易日内,股价在新高或新高附近整固时,交易区间很狭窄,所以这个模式的名字叫压缩弹簧。这个交易区间可以是振荡的,也可以稍微下跌,但不应该是上涨的。这个模式的关键是交易区间越来越窄。

请注意这个模式不用关心指标。这是纯粹的一个交易模式。

我们只用关心 20 天均线和 50 天均线以及一些趋势线。

- 用均线来确认是弱势上涨趋势或强势上涨趋势（请看前面的定义）。
- 在压缩弹簧的顶部和底部画出趋势线。考虑到弹簧的交易区间是狭窄的，两个趋势线应该形成三角形且不会向上。

压缩弹簧要持续 7 到 20 多个交易日，这一点很关键。压缩弹簧的任何部分都不会延伸到 50 天均线或 50 天均线以下，这一点也很关键。压缩弹簧可以在 20 天均线以下，但不可以在 50 天均线以下。

买入信号：压缩的弹簧本身就让股票上了备选名单。价格突破弹簧上面的趋势线就是买入信号。如果收盘价低于下趋势线，那么压缩弹簧就失效了，因此就把它从观察列表里面删除掉。

筛选工具

在贝塔值高或波动厉害的股票中是很少看见压缩弹簧的，所以你在观察列表里面很少能找到它们。但是你可以在 stockcharts.com 的筛选器里面筛选出这样的股票：

◇ 市场收盘后：

◇ 所有满足以下特点的股票……

- 今天成交量的 60 天均值大于 50 万。
- 今天收盘价的 60 天均线大于 10。
- 今天的收盘价大于或等于今天的开盘价。
- 今天的最高价小于或等于 5 天前的最高价。
- 今天的最低价大于或等于 5 天前的最低价。
- 今天收盘价的 20 天均线大于今天收盘价的 50 天均线。

以下是另外一种筛选方法，也能找到一些漂亮的压缩弹簧：

◇ 市场收盘后：

◇ 所有满足以下条件的股票……

- 今天成交量的 60 天均值大于 50 万。
- 今天收盘价的 60 天均线大于 10。
- 今天收盘价的 50 天均线小于今天收盘价的 20 天均线。
- 今天 ADX 指数线（参数是 14）是 20 天前 ADX 指数线（参数是 14）的 0.41 倍。

如果整体市场在大部分时间是振荡的，那么你用这个筛选方法可以每天找到 10 到 15 只符合条件的股票。但在大部分市场状况下，你找到的股票都比较少，很多出现在筛选结果里面的股票并不是真正的压缩弹簧。仔细观察筛选出来的股票，利用上述原则把不符合标准的股票删除并找到最像压缩弹簧的股票。

要注意弹簧内的交易区间要正在变窄（日内波动小）。日内最低点应该变得有点高，且/或最高点变得有点低。在这个区间内可能会有 1~2 条 K 线振幅很大，但那是例外，不符合我们的原则。一般而言，弹簧持续的时间长，那么随后上涨的高度就比较高。但是如果弹簧在振荡区间的时间超过了 20 个交易日，那就说明部分交易者还没有准备好，此时最好要回避这样的股票。

图 9.3 是股票 ALVR 的图例，当价格突破弹簧的上趋势线时，触发了成功的买入信号。请注意弹簧的整固发生在上涨趋势中最近的高价附近，而且越来越窄，并没有碰到 50 天均线。在本例中，趋势有点向下。价格不到两周时间涨到了 10.50 以上，收益是 16%，之后股票还在涨，目前从进场点开始算已经有了 55% 的收益。

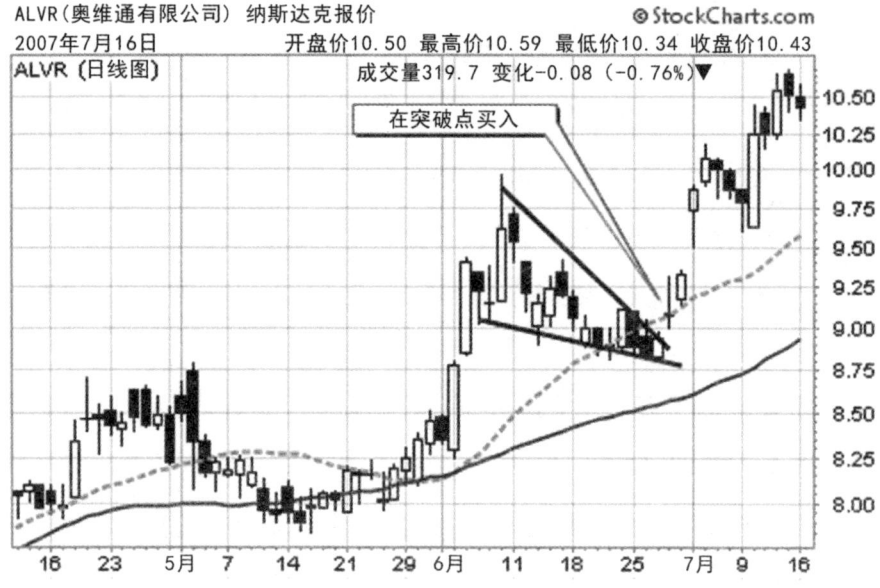

图9.3 ALVR 显示了压缩弹簧模式

FORD（图9.4）又是另外一个压缩弹簧的例子。请注意20天均线是上涨的且在上涨的50天均线之上，表明这只股票在强势上涨趋势中。请注意，K线的上下引线可以在弹簧之外，但开盘价和收盘价应该在弹簧之内。一旦价格到了上趋势线之上，买入信号就被触发了。在本例中，一个月后本交易的收益超过了50%。

图9.5是另外一只股票的例子，这只股票是CME，它显示了两个弹簧。请注意稍微向下的横盘振荡就表明是弹簧，看看和之前上涨趋势中的K线相比有多少K线变短了。当价格涨到阻力线之上时就代表出现了买入信号。

第 9 章 选择上涨的股票进行趋势交易

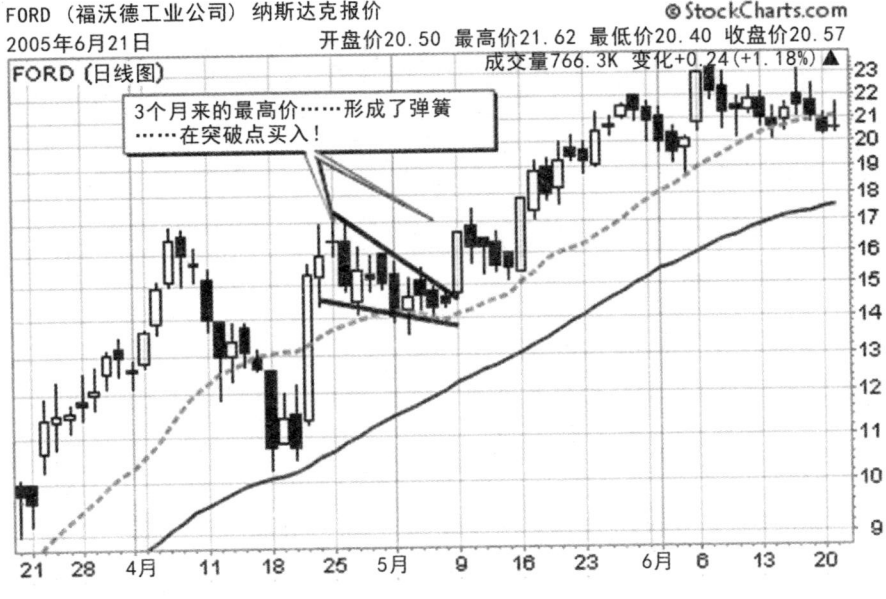

图 9.4 FORD 显示了压缩弹簧模式

图 9.5 CME 显示了 2 个弹簧模式

看涨背离

市场类型

这个模式最好用在：
- 振荡的市场。
- 弱势上涨的市场。
- 弱势下跌的市场。

特点

这个模式对我们来说确实有用。我们可以把这个模式用在任何市场中，甚至是下跌的市场。如果市场在大部分时间是振荡的或是弱势趋势，这个模式就很好用。作为波段交易者，我们可以利用看涨背离在长期的上涨趋势（请看下面的定义）深度回调时（跌到50天均线以下）找到底部点位。看涨背离模式寻找长期上涨的股票，但是目前处于严重的卖出状态，并创造了一系列的最低点。下跌过程中必须至少有2个最低点，这样才有比较的基础。当然了，太多的越来越低的最低点最终会让长期上涨趋势失去意义，如果是这样，这个模式就无法用来交易了。

关键指标

这个模式主要依靠价格模式和各种技术指标。以下是具体内容：

- 首先，我们需要确认股票在长期上涨趋势中（请看定义）。这证明了我们买入时的深度回调是暂时的，是不正常的。

定义：最简单的确认长期上涨趋势的方法就是关注日线图上的 50 天均线（无论是上涨的还是下跌的）在上涨的 200 天均线以上。注意：200 天均线上涨是关键；这说明趋势是上涨的。一旦 50 天均线跌到了 200 天均线以下，即使 200 天均线是上涨的，这个长期上涨趋势也不复存在了。

- 下一步，当价格满足以下 3 个条件时，看涨背离模式就确立了：
  - 价格在 50 天均线以下。
  - 价格在回调时至少出现了 2 个明显的最低点，至少有 5 个交易日价格在这 2 个最低点之间。
  - 价格在创造最低点的同时伴随着 2 个或更多指标出现了比较高的低点，这些指标有：MACD、MACD 柱、随机指标、RSI、OBV 和 CCI（我们在前面已经讲了具体参数设置）。
- 请注意，如果最新的（比较低）的价格得到了 200 天均线和趋势线的支撑，或之前的价格支撑，那就更好。
- 买入信号：当上述情况都满足的前提下，日线图上的 K 线出现了上涨的形态（十字星、锤形、阳包阴、早晨之星，等等），那么就触发了买入信号。

筛选工具

在 stockcharts.com 的股票筛选器里面输入以下条件就能筛选出符合看涨背离的股票：

◇ 市场收盘后：
◇ 所有满足以下条件的股票……

- 今天成交量的 60 天均值大于 50 万。
- 今天收盘价的 60 天均线大于 10。
- 昨天的最低点比 20 天前的最低点低。
- 昨天的最低点比 3 天前的最低点低。
- 今天的 MACD 柱（参数是 12，26，9）大于 15 天前的 MACD 柱（参数是 12，26，9）。
- 今天的 CCI（参数是 20）大于 15 天前的 CCI（参数是 20）。
- 今天的 RSI（参数是 5）大于 15 天前的 RSI（参数是 5）。
- 今天收盘价的 50 天均线大于今天收盘价的 200 天均线。
- 今天的开盘价小于今天的收盘价。

图 9.6 是 FWLT 的价格图表，价格出现了两个底部，同时最低的低点伴随着 3 个指标出现了看涨背离：MACD、RSI 和 CCI，这就是完美的看涨背离。请注意在进场的这天 50 天均线（虚线）是下跌的，但仍然在 200 天均线之上（实线），在进场的前一天，我们在第二个最低点（倒锤线）处看到了上涨的 K 线。这只股票在 20 个交易日内涨了 25%。

第 9 章 选择上涨的股票进行趋势交易

图 9.6 FWLT 显示了看涨背离模式

在图 9.7 中，请看 BRCM 的价格图表，它在振荡的上涨过程中出现了漂亮的看涨背离，给出了买入信号。触发买入信号的第一个形态是十字星，第二个形态是倒锤线。请注意只要两个指标就能确认看涨背离。同时还请注意，买入并持有的策略从图的左边到右边的收益是24%，这是很不错的。但是想想你的收益是多少：在风险这么大的市场中，你用很短的时间赚了40%。

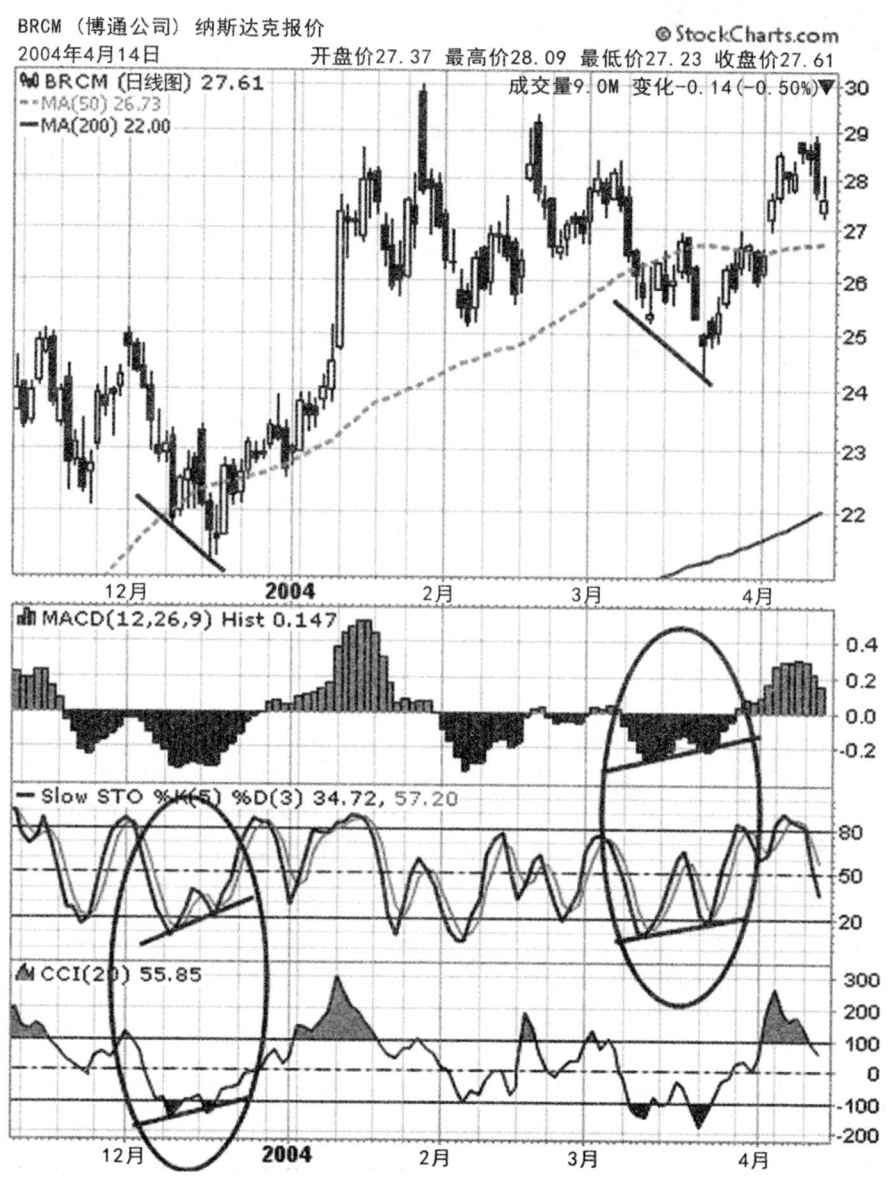

图9.7　BRCM 显示了看涨背离模式

蓝天突破

市场类型

这个模式最好用在：

- 强势上涨的市场

特点

蓝天突破也叫杯子和柄价格形态。在长期的牛市中，如果市场似乎根本没有回调的意思，那么你就要用到这个模式了。强势的牛市会迫使有些波段交易者在场外连续多天观望，他们想等回调或整固，但是等不到。买入并持有的人沾沾自喜时，波段交易者则郁闷死了！但是趋势交易者在此时可以使用一种关键武器：那就是蓝天突破模式。蓝天在这里指股票至少创造了3个月的新高。我们通过指标看到最近的成交量趋势发生了变化时就可以确认发生了突破。

关键指标

这个模式要利用5个价格参数和一个技术指标OBV来做判断。以下是判断原则：

- 第一，股票的收盘价（并非指日内波动价格）必须在前一个新准高之后的20个交易日内再次创造新高。这里的准高指价格在卖出或至少5条振荡整固的K线（不能多于20条）之后的新高。我们在这里做了很多的限制，原因是必须在最近的短期的波动之后产生新高，而不是长期爬坡式的上涨。

- 第二，最新的收盘价必须是明显的最高点，至少在过去 3 个月内并没有这么高的高价。

- 第三，最新的收盘最高价不能离 52 周最低点太远。我们不希望股票走得太离谱。为了防止股票走得太猛，我们用新的最高价的收盘价除以 52 周最低价，结果不能大于 3.0。换句话说，如果一只股票的 52 周最低价是 10.00，新的最高价的收盘价不到 30.00，那么我们就在蓝天突破时买入。

- 第四，在蓝天突破的同时（在过去 3 个月内没有价格阻力）伴随着至少 3 个月以来的最大 OBV 数值（请看定义）。

定义：OBV 就是能量潮。它衡量的是股票的收集和派发情况：如果今天上涨，就在前一天的成交量基础上加上今天的成交量；如果今天下跌，就在前一天的成交量基础上减去今天的成交量，每天都这么计算。如果 OBV 和价格一致，那么都等于是确认了价格；如果 OBV 和价格不一致，就会出现背离。它是一个领先指标，在预测价格波动方面是很有用的。

- 第五，突破并创造新高那天的 K 线必须是红色的（收盘价大于开盘价）。

买入信号

当以上 5 个参数都在同一天达到要求时，我们就得到了买入信号。

筛选工具

在牛市中，以下的扫描方法可以选出很多可能会发生蓝天突破的股票——但是考虑到第一个参数无法筛选，所以需要用肉眼去排除不符合条件的股票：

◇ 市场收盘后：

◇ 满足以下条件的美国股票……

- 新的 52 周最高价。
- 今天成交量的 20 天均值大于 50 万。
- 今天收盘价的 60 天均线大于 10。
- 今天的收盘价小于或等于 260 天前最低价的 3 倍。
- 今天的 OBV 大于 60 天前的 OBV。

图 9.8 中的 AAPL 显示了 3 个蓝天突破信号。这种上楼梯式的或重复的杯子和柄模式在健康的强势上涨趋势中很常见，通常意味着有一大段牛市。请注意在第一个新高之后的 20 天内要出现新的最高价，且在这期间至少有 3 天是下跌的。还要注意 OBV 也要出现新高。另外，我们说的新高指收盘价，不是指日内的价格。因此当你在价格图上画线的时候，要把线画在收盘价处，而不是画在上引线处。事实上 AAPL 的趋势太健康了，它在人们兑现利润前一直上涨到了 86.40。

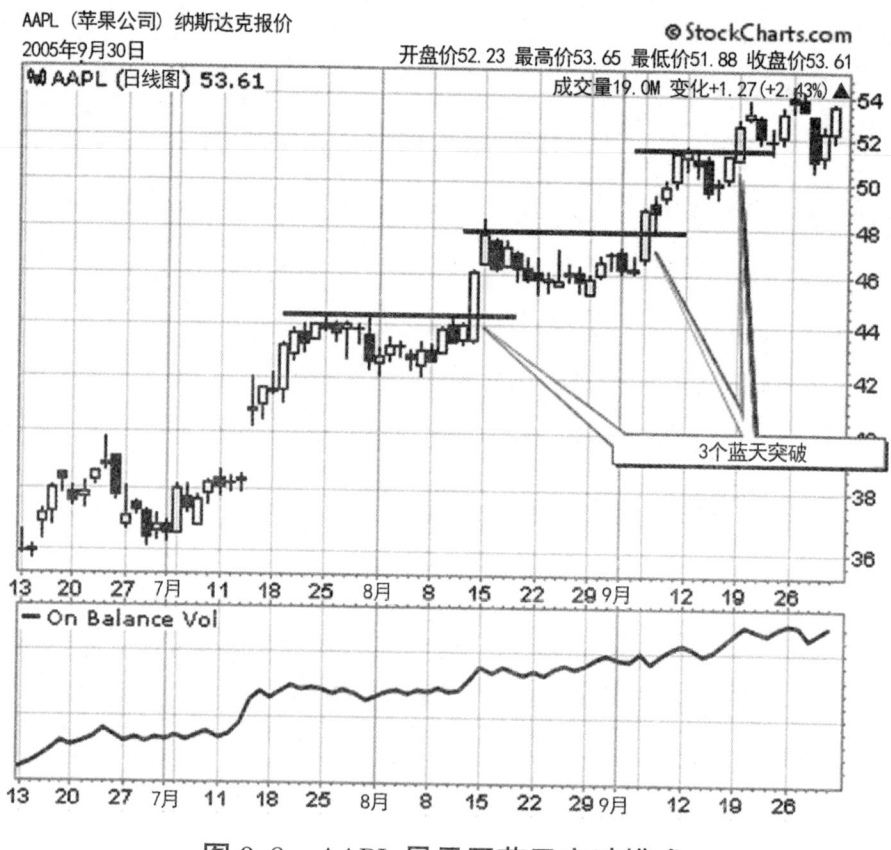

图 9.8　AAPL 显示了蓝天突破模式

我们的第二个例子是 CREE（图 9.9），价格图表显示了很赚钱的蓝天突破模式。在 4 月底，CREE 的价格在 20.00 附件创造了 5 个月来的准高。整固 16 天后，多头又进场把价格推高了。4 月 22 日这天我们看到了突破，OBV 也创造了新高。我们在《趋势交易》业务通讯邮件里面推荐了这只股票，客户在 12 天内很快赚了 22%。如果长期持有，应该会赚 50% 左右。

第9章 选择上涨的股票进行趋势交易

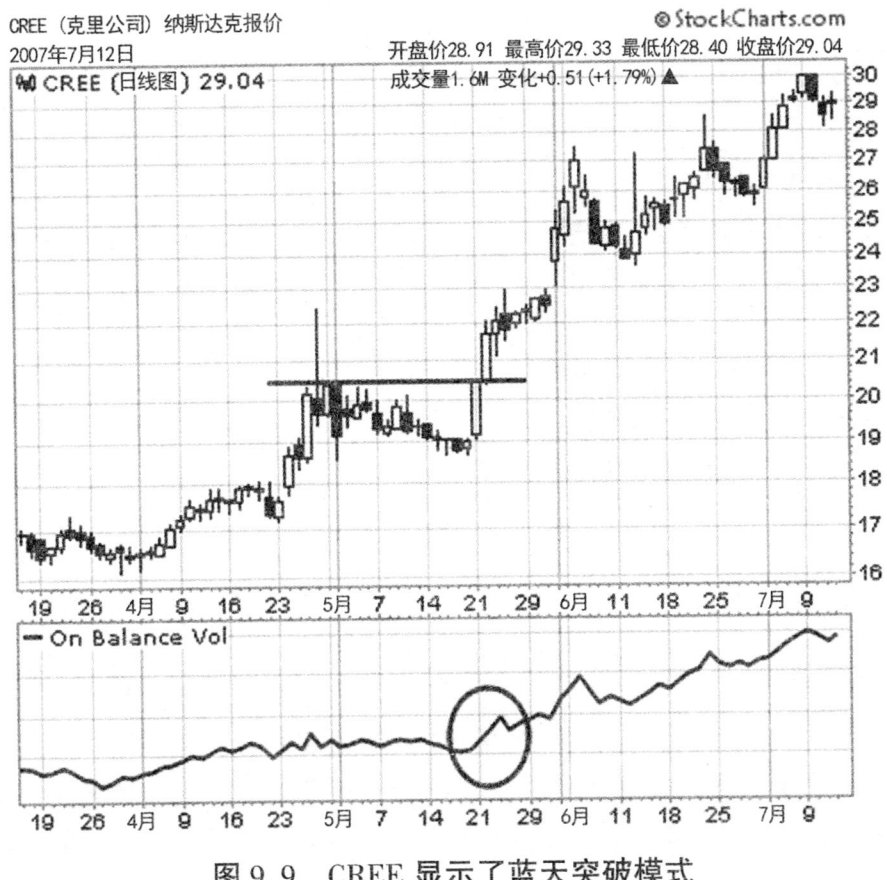

图9.9　CREE显示了蓝天突破模式

蓝天突破确实是真正的和趋势做朋友类型的模式，也是最激动人心的交易模式。因为很多投资者担心这样的股票被过分超买了，所以他们很害怕交易，其实没有必要害怕。在强势上涨的市场中，最好的下注方法就是"在高点买入并在更高的高点卖出"。趋势一旦开始了就倾向于持续下去；这就是趋势交易的精华思想。但是要保证概率对你有利，要坚守上面所说的5个原则。

底部上涨突破

市场类型

这个模式最好用在：

- 弱势上涨的市场
- 强势下跌的市场
- 弱势下跌的市场
- 振荡的市场

特点

这又是一个在各种市场都可以使用的非常有用的模式。因为这个模式不是严格的和趋势做朋友的模式，所以它可以填补看涨模式的空白。另外我们使用这个模式是为了反向操作，也就是赌趋势的方向。我们要寻找的股票是下跌趋势的，但是这种下跌更像是一个振荡的底部。股票没有下跌，而是振荡，则有可能形成上涨前的底部。为了让这个模式有效，我们需要用指标告诉我们底部的两个价格行为：它在累积动量，要有证据表明股票正在被收集。因为长期持有这样的股票能带来可观的收益，所以在股票突破时会有大量的买盘涌入，甚至能在几天内获得10%或以上的收益，这是一个理想的短线顺势交易模式。另外，这个模式通常会出现在低价股上面，所以资金不多的交易者适合用这个模式。

关键指标

这个模式依靠价格模式（底部上涨）并结合2个技术指标：MACD 和 OBV 做决定。以下是具体细节：

- 第一，股票必须在明显的强势或弱势下跌趋势中（请看定义）。

定义：下跌趋势中的股票就是指股票至少在 3 个月内最高点越来越低（也可以是最低点越来越低，但严格地说这是没有必要的）。强势下跌趋势的股票是指下跌股票的 20 天均线一直在下跌且在一直下跌的 50 天均线下面。弱势下跌的股票是指下跌股票的 20 天均线也许会起起落落，但大部分情况下都在下跌的 50 天均线下面。

- 第二，至少在过去 30 个交易日内（6 周）价格必须在某种底部整固状态。底部整固有两种类型：三角形和长方形。这两种底部在上涨趋势和下跌趋势都可以存在。本模式想在下跌的趋势看到这两种底部。
    - 图 9.10 和图 9.11 是下跌趋势市场中的两种长方形（水平和下跌）。

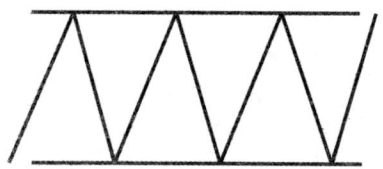

图 9.10 水平的长方形底部

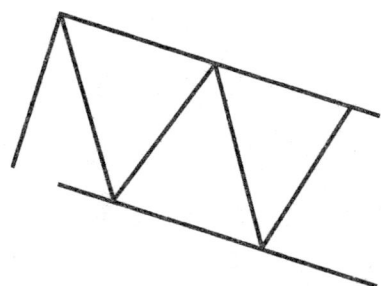

图 9.11 下跌趋势中的长方形底部

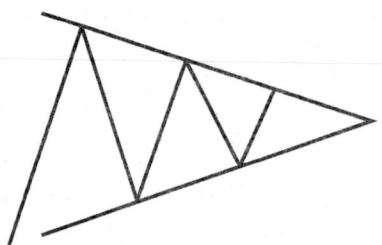

图 9.12　对称三角形底部

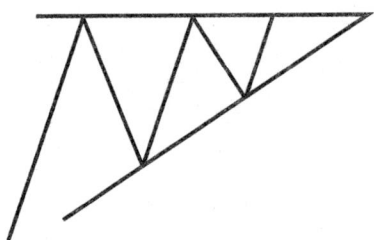

图 9.13　上升三角形底部

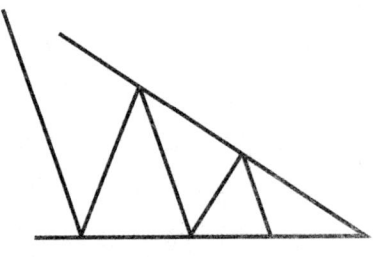

图 9.14　下降三角形底部

> 图 9.12 到 9.14 是 3 种下跌趋势市场的三角形底部（对称三角形、上升三角形和下降三角形）。

- 我们要回避的一种整固模式就是上升楔形，这种类型的三角形整固发生在下跌的股票上面，通常之后还会继续下跌。上升楔形不能为底部上涨模式提供有效的底部。

上升楔形就像图 9.15 一样，两条趋势线都是斜向上的。

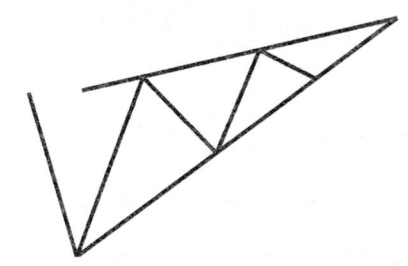

图 9.15　上升楔形：无效的底部

- 我们一旦确认了下跌股票的整固底部，我们需要进一步确认这个底部是上涨前的底部。我们用两个技术指标来确认：MACD 和 OBV。
  ➢ MACD 必须创造一系列比较高的低点，同时在底部的价格不一定要创造比较高的低点。
  ➢ OBV 必须上涨到 OBV 的上趋势线以上。
- 买入信号：在底部，当 OBV 向上突破上趋势线，收盘价大于开盘价时就触发了买入信号。你也可以在 K 线是红色时，当 OBV 向上突破时进场。

筛选工具

利用现有的工具筛选三角形或长方形底部是不可能的。在观察列表中按照这个模式选择股票时需要用肉眼看。不过用以下筛选方法可以找到一些备选股。如果读者的水平比我高，就可以使用更加灵活的方法，不必一定套用我的参数。

　　◇ 市场收盘后：
　　◇ 所有满足以下条件的美国股票……

- 今天成交量的 20 天均值大于 50 万。
- 今天收盘价的 60 天均线大于 10。
- 今天收盘价的 50 天均线大于今天收盘价的 20 天均线。
- 今天收盘价的 50 天均线小于 40 天前收盘价的 50 天均线。
- 30 天前的最大振幅大于 15 天前的最大振幅。
- 15 天前的最大振幅大于 5 天前的最大振幅。
- 今天的 OBV 大于 40 天前的 OBV。
- 今天的 MACD 大于 40 天前 MACD（参数是 12、26 和 9）
- 今天的 50 天均线小于今天的 200 天均线。

因为没有可靠的筛选方法，你必须定期检查观察列表中的股票。因为这个方法可以让你用几天或几周的时间观察底部的形成，所以这个方法是比较好的方法。OBV 触发的信号是这个模式的最关键的地方：如果你能在信号出现的时候进场，这常常是大涨开始的时候。不过用筛选方法选出来的股票大多已经触发了 OBV 的信号。

在图 9.16 中，AKS 显示了一个弱势的下跌和一个上升三角形（对称三角形）底部。我们能看见 MACD 显示了比较高的低点（确认了上涨）且当价格突破底部后 OBV 的买入信号被触发了。从那之后股票在 7 个交易日内股票很快上涨了接近 20%。

图 9.16　AKS 显示了底部上涨突破模式

在图 9.17 中 LKAC 强势下跌，然后向下跳空，在看涨的长方形底部整固。我们之所以知道是看涨的是因为 MACD 在整个底部是上涨的，而 MACD 可以衡量价格动量。OBV 在底部突破前给出了买入信号。如果在 42.00 附近进场，在设置跟踪止损的前提下可以一直持有，收益将会有 19%。请注意底部的上趋势线

（价格为42.00），它在底部附近是阻力线，现在对于新的上涨趋势来说则是支撑线。

图9.17　KLAC显示了底部上涨模式

图9.18显示的底部上涨突破是我们在《低价股》业务通讯邮件中推荐给客户的。JNPR在明显的下跌趋势中（弱势，正在

变强）完美地形成了下跌的长方形底部。MACD 在长方形中显示了看涨背离，确认了这个底部是看涨的。当价格突破趋势线时，OBV 则确认了 JNPR 正在被收集。价格常常会跟随 OBV 的突破，这次 JNPR 也是如此。当下跌的长方形被突破后，JNPR 在 6 周内火箭冲天，取得了接近 30% 的收益。

图 9.18　JNPR 显示底部上涨突破模式

第 10 章 选择下跌的股票进行趋势交易

做空卖出

做空卖出也叫做空，这是趋势交易者的关键技术。从技术上说，这和开仓买入股票并平仓卖出股票的道理是一样的。只是在做空时你把次序颠倒了：首先你卖出股票，然后买回股票回补仓位。如果你持有的仓位价格跌到了你的进场点以下，你买入股票就赚钱了；如果你持有的仓位价格在你的进场价以上，你回补仓位时就亏损了。

因为你只能卖出你已经持有的股票，所以如果要做空你必须找你的经纪公司借股票。因此，经纪公司能否借给你股票是你能否做空的关键所在：如果经纪公司没有股票借给你，你就借不到股票，也就无法做空。通常情况下优秀的网上经纪公司可以让你借到所有的流动性好的大盘股。befriendthetrend.com 网站推荐的股票通常也是可以做空的。有时候你花了很多时间研究图表，结果很失望地发现你的经纪公司无法借给你股票，这是比较麻烦的事。更让人郁闷的是，你没做空这只股票，结果这只股票猛跌了几天。做空某只股票的替代方法就是买入这只股票的看跌期权。

我在第四部分会解释的，买入某只股票的看跌期权相当于通过做空这只股票赚钱；当经纪公司无法借给你股票时这也是一个变通的方法。

有人说做空股票就不是美国人，做空伤害了美国的整体经济；也有人说因为做空为市场提供了流动性，所以做空对整体市场的健康还是有好处的，尤其在长期牛市更是如此。但我认为你过分强调任何一面都是不对的。对于任何买家，必定有一个对应的卖家，你卖出自己的股票和做空经纪公司的股票并没有多大区别。实际上，当你卖出股票时，你就终止了和上市公司的关系。当你借来股票做空时，等于向这家公司约定了会在将来某个时间买入这些股票（当然是以经纪公司的名义，不是你自己的账户）。

还有人认为做空股票比买入股票的风险要大。他们的理由如下，当你做多的时候，你的仓位可能会跌到0，你的整个投资就打水漂了；如果你做空，那么这个仓位可能会涨到无限高（理论上如此），你的投资不但打水漂了，你还要赔上自己的储蓄和所有的资产。用数字说明：如果股票从50美元跌到了25美元，你就失去了50%的资金；如果做空的股票从25美元涨到了50美元，你的原始投资就100%的没有了。

我在这里要帮做空说几句话。第一，有些方法是可以管理好空头仓位的，我们会迟点讨论，这些方法可以让你在遇到不利的交易时把亏损限制在最小。第二，在你爆仓之前，你的经纪公司就会给你打电话，他们会告诉你你的仓位已经跌得很厉害了，他们要限制你继续交易（经纪公司有权决定是否让你继续交易）。经纪公司给你打电话后，如果你在规定时间内不采取措施，你的经纪公司就会把你的仓位平掉。第三，很多公司会破产，它们的股价会跌到几美分，而不是冲到天上去，所以整体趋势是相对安全的。第四，本书中讨论的做空系统至少有70%的成功率。它们的目标是赚钱，不是亏钱。简而言之（请原谅这是双关语。译者注：还有"做空时"的意思），只要有正确的交易系统和资金管理方法，做空的利润会远远大于亏损。

5个最好的做空模式

如果你想通过做空做趋势交易，期望进场后价格就会下跌，那么你就需要使用下面所谈到的模式。如果你在观察列表中发现了符合这些模式的股票，那么就在纸上做好笔记。一旦你检查了观察列表中的股票，你应该会找到几个值得深入研究的股票。你也可以把你找到的股票和筛选出来的股票放在一起研究。

减缓反弹

市场类型

这个模式最好适用于：

- 强势下跌市场
- 弱势下跌市场

特点

这个模式就是前面所讲的回调模式的反向操作。我们要寻找强势或弱势下跌的股票，它从最低点反弹到主要均线，这个均线应该就是阻力区。我们要等待机会，直到超买状况被确认——由随机指标确认——并通过下跌的K线进一步确认。减缓反弹本身也许就是因为有人在短期内兑现利润或空头回补仓位（因为价格惊人地反转迫使空头买回股票以回补仓位），也有可能是消息或盈利报告引起的。无论如何，一旦人们对股票重新开始估值，主导性的趋势又会出现。如果整体市场在下跌趋势中，那么这种情况出现的概率就比较大。

关键指标

本模式中有 3 个关键的因素：

- 第一，确认强势或弱势下跌股票反弹到了下跌的 20 天均线（强势下跌趋势）或 50 天均线（弱势下跌趋势）。如果均线正好和向下的上趋势线差不多在一起，这样更好。

定义：下跌趋势的股票就是股票持续创造更低的最高点（也可以是更低的最低点，但是严格地说，这是没有必要的）。强势下跌的股票是指股票的 20 天均线总是在下跌并低于下跌的 50 天均线。这两条均线的距离越远，下跌趋势就越强。弱势下跌的股票是指股票的 20 天均线大部分时间是下跌的，且低于下跌的 50 天均线。

- 第二，随机指标（参数为 5）必须快速上涨到或超过 80 这条数值线，这是超买状态的数值。
- 第三，价格反弹到均线时必须出现某种下跌的 K 线（十字星、阴包阳、墓碑、吊死人和暮星等）。如果 K 线是红色的（收盘价大于开盘价），那么就要继续等待观望，然后记得在第二天再看看这只股票表现如何。
- 做空信号：只有这 3 个因素构成做空信号时，减缓反弹模式才是有效的。

筛选工具

由于市场自身的周期原因，减缓反弹出现的机会并不多。如果你没有在观察列表中发现符合减缓反弹模式的股票，你可以使用一个特定的筛选方法去寻找股票。当我这么做的时候的，我用 stockcharts.com 按照以下标准筛选：

◇ 市场收盘后：

◇ 满足以下条件的股票……

- 今天成交量的 60 天均值大于 50 万。
- 今天收盘价的 60 天均线大于 10。
- 今天图表上出现了阴包阳。
- 今天收盘价的 20 天均线小于今天收盘价的 50 天均线。
- 今天的收盘价是 5 天前收盘价的 1.15 倍以上。

用这个方法筛选时，根据市场状况不同，通常会筛选到几只股票。如果筛选出来的股票很多，你可以把成交量改到 100 万，把 1.15 倍改成 1.20 倍。如果筛选出来的股票很少，你可以把 1.15 改成 1.10 或更小。

图 10.1 是下跌股票 NVDA 的例子，它发出了 2 个做空信号：一个信号发生在弱势下跌的股票反弹到 50 天均线时，第二个信号是发生在趋势变强后，减缓反弹到 20 天均线时出现的。请注意在这两个信号处会有两个下跌的 K 线形态；第一个信号处是阴包阳，第二个信号处是射击之星。还请注意，在 7 月 9 日有个信号，但并没有产生预期的收益，除非你用了个很宽松的止损范围。

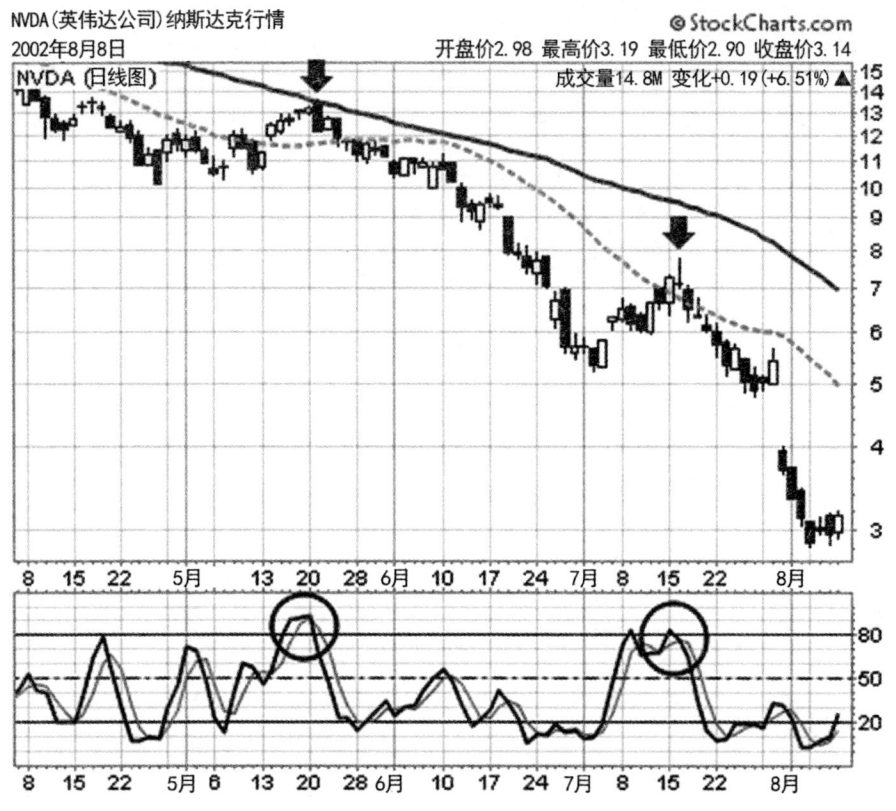

图 10.1　NVDA 显示两个减缓反弹模式

图 10.2 显示了另外一个从弱势下跌变成强势下跌的股票 QL-GC，它在 4 个月内给出了 4 个减缓反弹做空信号。一般在短期内很少出现很多做空信号，但是一旦出现了这种情况，那么交易者就可以梦想成真了。请注意，只要采用了比较紧的跟踪止损，那么就可以至少锁定 3 笔交易的可观利润。这几笔交易的合理利润是 50% 到 60%，而买入并持有的投资者则要忍受 55% 的资金曲线回撤，这是很不舒服的。

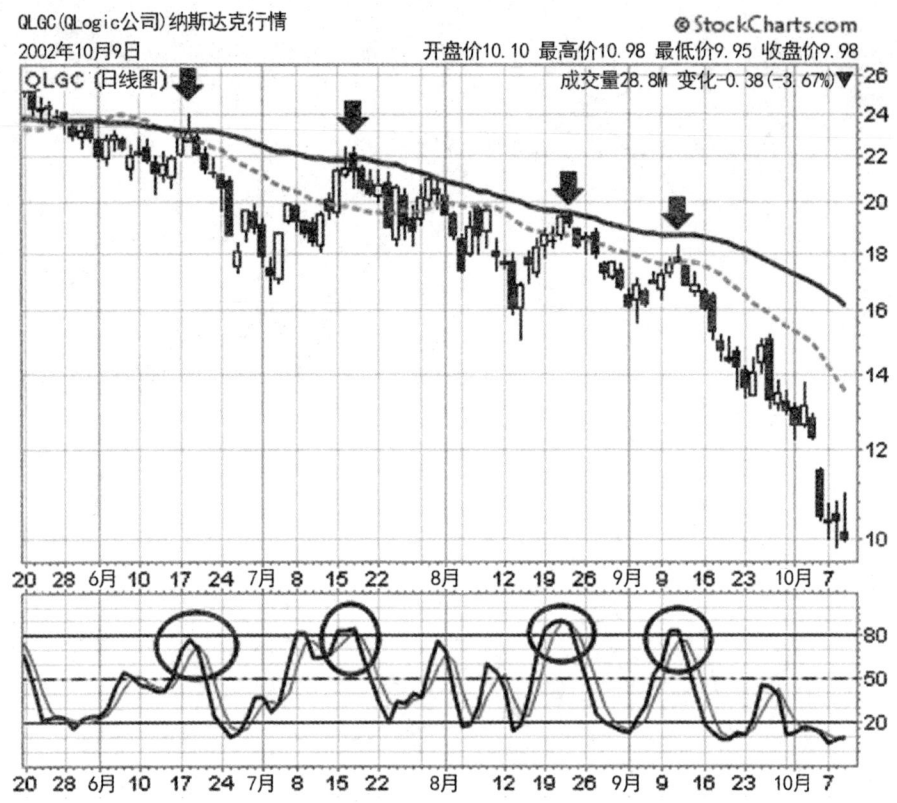

图 10.2 QLGC 显示 4 个减缓反弹模式

看跌背离

市场类型

这个模式最好适用在：

- 振荡的市场
- 弱势下跌的市场
- 弱势上涨的市场

特点

我在前面说了，这个模式的看涨"表哥"帮我赚了不少钱，所以这个模式也能帮我赚钱。我们可以把这个模式用在各种市场,包括下跌的市场和上涨的市场。作为趋势交易者,我们可以在长期下跌的市场中找到急剧反弹的顶部(在50天均线以上)。我们还会在后面讨论这个模式的另外一个版本。

背离这个工具确实很好用。看跌背离模式寻找这样的股票,股票在长期下跌趋势中,但是目前正在急剧反弹,并且高点越来越高,这种上涨趋势至少要创造两个最高点,这样才方便比较。当然了,如果出现了太多的最高点,它就抵消了长期的下跌趋势并让这个模式失效了。

关键指标

这个模式需要同时结合使用价格模式和各种技术指标。以下是具体要求:

- 第一,我们要确认股票的趋势是长期下跌趋势(请看定义)。这样才能说明我们遇到的急剧反弹只是暂时的。

定义:最简单的确认长期下跌趋势的方法就是观察日线图上的 50 天均线是否在下跌的 200 天均线以下,50 天均线可以是上涨的或下跌的。请注意:200 天均线必须是下跌的,这一点很关键,这是下跌趋势的信号。

- 第二,当价格出现以下 3 种情况,那么看跌背离模式就是有效的:
  - 价格在 50 天均线以上。
  - 价格在反弹时至少创造了两个明显的最高价,在两个最高价之间至少有 5 个交易日。

> 最新的最高价和以下技术指标的次高点是一致：MACD、MACD柱、随机指标、OBV、CCI或RSI。

- 请注意最新的最高价要和200天均线、趋势线的阻力区或以前的价格阻力一致，越一致越好。
- 做空信号：在以上条件都满足的前提下，一旦日线图上出现了下跌的K线（十字星、墓碑、阴包阳、暮星等）就触发了做空信号。

筛选工具

当你检查观察列表并没有找到符合减缓反弹模式的股票时，以下 stockcharts.com 的筛选器能够找到几个可能的备选股：

◇ 市场收盘后：

◇ 所有满足以下条件的股票……

- 今天成交量的60天均值大于50万。
- 今天收盘价的60天均线大于10。
- 昨天的最高价大于20天前的最高价。
- 昨天的最高价大于3天前的最高价。
- 今天的MACD柱（参数是12、26和9）低于15天前的MACD柱（参数是12、26和9）。
- 今天的ROC（参数是12）小于15天前的ROC（参数是12）。
- 今天的RSI（参数是14）小于15天前的RSI（参数是14）。
- 今天收盘价的50天均线小于今天收盘价的200天均线。
- 今天的开盘价大于今天的收盘价。

在图 10.3 中,可以利用 KLAC 的看跌背离模式成功地做一次波段交易。请注意 50 天均线明显地在 200 天均线之下,表明这是很强的下跌趋势,在两个最高价之间和两个关键指标上(RSI 和 MACD 柱)能看见看跌背离。还请注意,K 线的形态(暮星反转)确认了这个做空信号。

图 10.3　KLAC 显示看跌背离模式

在图 10.4 中，可以利用安捷伦股票（代码是 A）的看跌背离模式成功地做一次波段交易。看跌背离出现在两个（上面）最高价之间，RSI 和 CCI 指标（下面）也出现了背离。请注意当价格反弹到下跌的 200 天均线时，也就到了之前的价格阻力区（20.00 附近）。

图 10.4　A 显示看跌背离模式

向下跳空

市场类型

这个模式最适用于：

- 强势上涨的市场
- 弱势上涨的市场
- 振荡的市场

特点

向下跳空采用反向交易的风格。也就是强势上涨的股票突然向下跳空低开，当天收盘时没有补上这个缺口。这个模式要求向下跳空的股票最近刚刚出现了明显的最高点（3 个月来的最高点）。这是因为在牛市中这个方法效果最好。在熊市中任何爬到最高点的股票都是安全的，空头要避免去做空它。很多时候这种向下跳空是趋势反转的信号，因为当坏消息出现时，预期收益下降，兑现利润等原因导致投资者恐慌，他们纷纷出场以锁定利润。这种趋势一般要花几天时间才能进行下去，因为空头需要时间打压逢低买入的大众。一旦空头取得了控制权，在跳空缺口后，他们会把价格快速向下打压。

关键指标

这个模式比较好找，也比较好交易。以下是具体要求：

- 第一，我们要确认股票在稳定的上涨趋势中。为了实现本模式的目的，我们这样定义稳定的上涨趋势：
    - 50 天均线稳步上涨，没有大的回调。
    - 价格至少有 40 个交易日（2 个月）在 50 天均线以上。
- 第二，目前向下跳空缺口没有被补上（请看定义）。

定义：没有被补上的向下缺口就是指收盘时股票当天的最高价低于前一个交易日的最低价。

- **做空信号**：一旦以上情况都满足了，只要向下跳空后的价格低于向下跳空时的 K 线，那么做空信号就被触发了。请注意：如果在任何时候价格涨到了跳空缺口之上，这个模式就失效了。

筛选工具

像 esignal 和 quote.com 等软件都提供跳空缺口这个筛选功能，但是它们都不能筛选上涨的股票。然而 stockcharts.com 的筛选器按照以下条件可以筛选出上涨股票的向下跳空缺口。

◇ 市场收盘后：

◇ 所有符合以下条件的股票……

- 向下跳空。
- 今天成交量的 60 天均值大于 50 万。
- 今天收盘价的 60 天均线大于 10。
- 今天收盘价的 20 天均线是今天收盘价的 50 天均线的 1.1 倍以上。

图 10.5 是 EBAY 的图表，显示了强势上涨趋势后的向下跳空模式。请注意向下跳空这天的最高价一直在前一个交易日的最低价之下，且 50 天均线在稳定上涨。

在图 10.6 中，我们能看见向下跳空被确认后 EBAY 发生了什么。请注意向下跳空被确认后，EBAY 又向下跳空了。因为开盘价低于前一天的最低价，我们就有了进场信号。价格在随后整固了几天，一旦价格继续沿着新趋势前进时，它就真的启动了。

第 10 章 选择下跌的股票进行趋势交易

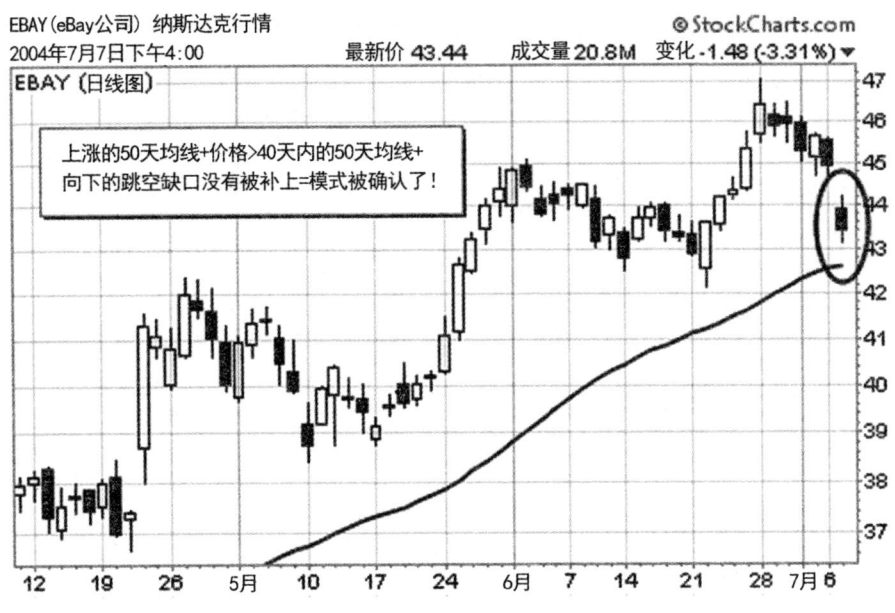

图 10.5 EBAY 显示向下跳空模式

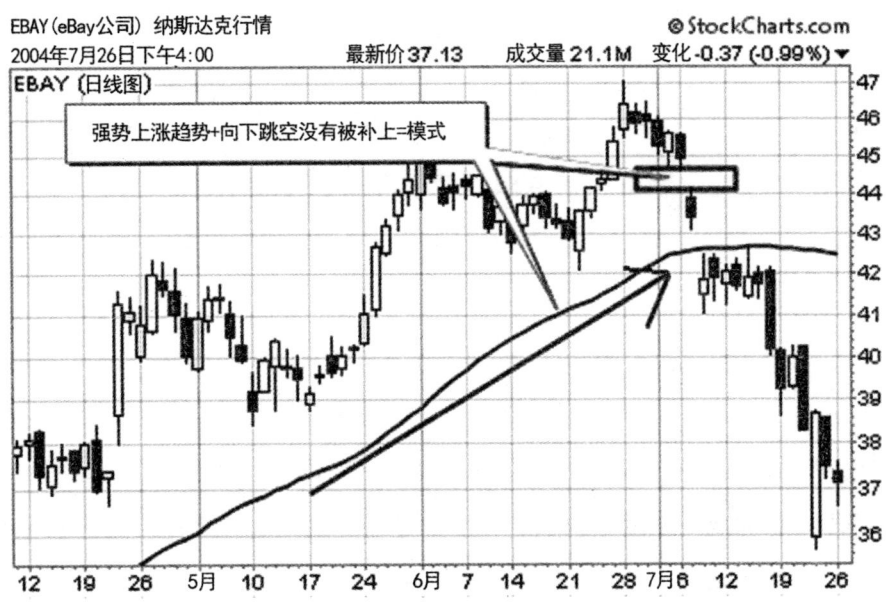

图 10.6 EBAY 在向下跳空模式中触发了卖出信号

图 10.7 是 SWIR 的图表，它显示了强势上涨趋势后的向下跳空缺口。请注意这次向下跳空的 K 线很长，有些人可能会认为价格走得太远了，不适合进场。永远不要低估向下跳空的力量，它是真正的趋势杀手。我们所要做的事就是在向下跳空的 K 线最低点之下进行交易以完成这个模式。

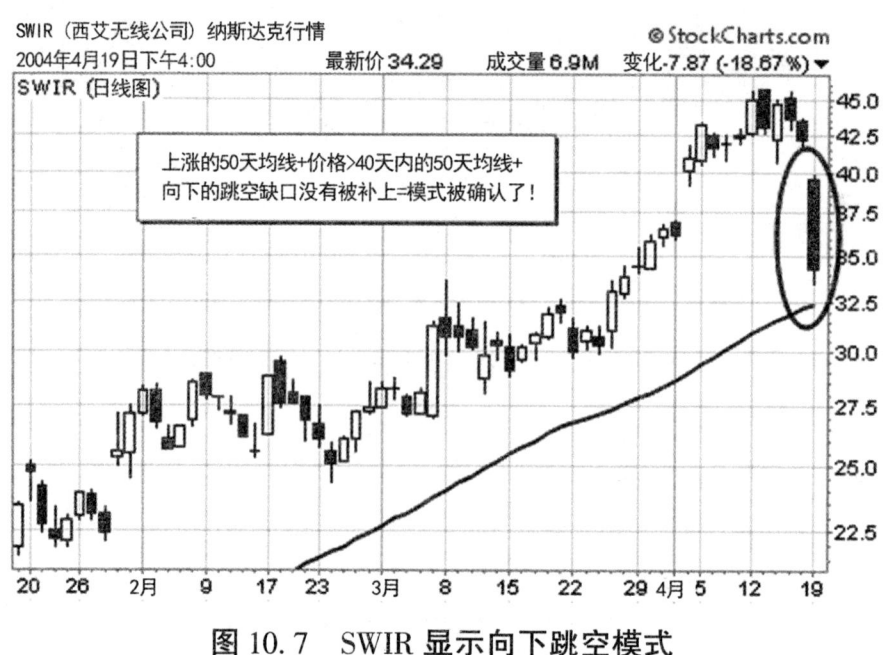

图 10.7　SWIR 显示向下跳空模式

向下跳空之后，价格花了 3 天时间再继续向下波动，这确实触发了做空信号，SWIR 表明了向下跳空的力量有多大（图 10.8）。请注意 SWIR 向下跳空后跌到了上涨的均线处，很多投资人会情不自禁地想在"回调时买入"。请考虑一下我的警告：永远不要因为上涨的股票向下跳空下跌到支撑区时就买入，无论这个上涨趋势多么强都不要买入！你很有可能掉入多头陷阱。

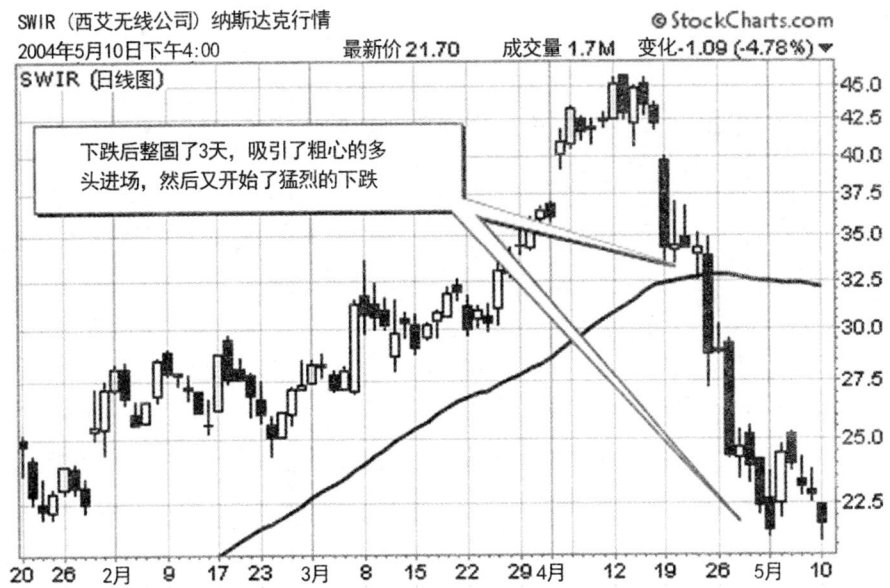

图 10.8　SWIR 在向下跳空模式中触发了卖出信号

蓝海向下突破

市场类型

这个模式最好使用在：

- 强势下跌的市场

特点

把这个想成是杯子和柄形态的反转形态。就像上一章所说的它的"表哥"，如果在长期下跌的市场中没有任何释放的迹象，那么就有可能遇到这个模式。蓝海是指股票跌到了3个月的最低价。我们通过观察一个和成交量相关的指标来确认向下突破。

关键指标

这个模式依靠5个价格参数和OBV指标来确认。以下是相关原则：

- 第一，出现第一个最低点之后的 20 个交易日之内必须出现第二个新的最低点（指收盘价，不是指日内波动）。新的最低点必须是价格的短期波动，而不是长期的卖出行为，这是重要的。

- 第二，最新的收盘价的最低点必须是明显的最低点，在至少过去 3 个月内不可以有最低收盘价。

- 第三，新的最低收盘价不能离股票的 52 周最高点太远。我们不希望股票跌得太猛。为了防止股票跌得太猛，我们可以用 52 周最高点除以新的收盘最低价，结果不能大于 2.0。换句话说，如果 52 周最高价是 30.00，如果新的最低价大于 15.00，那么我们就会在蓝海突破时做空。

- 第四，目前下探的区域就叫作蓝海区域（在之前 3 个月内没有支撑点），同时应该伴随着 OBV 出现了过去至少 3 个月内的最低值。

- 第五，向下突破到新的最低价的 K 线必须是绿色的（收盘价低于开盘价）。

- 做空信号：如果在同一天以上 5 个参数都满足了，我们就得到了做空信号。

筛选工具

在牛市中，这个筛选方法找不到任何结果，但是在强势下跌的市场它会筛选出一些符合条件的蓝海股票。因为这个参数不方便使用筛选功能，我们需要用肉眼寻找有效的股票。

◇ 市场收盘后：

◇ 所有满足以下条件的美国股票……

- 出现了 52 周最低点。
- 今天成交量的 20 天均值大于 50 万。

- 今天收盘价的 60 天均线大于 5。
- 今天的收盘价大于或等于 260 天前的最高价的 0.5 倍。
- 今天的 OBV 小于 60 天前的 OBV。

在图 10.9 中，JNPR 跌到了 3 个月的最低价以下，同时 OBV 指标出现了新的最低点，这就给出了蓝海向下突破信号。如果在第二个交易日进场，可以在 9 天后回补，最大收益是 17%。随后股票很快就反弹了，你在止损出场时的利润应该有 12% 以上。

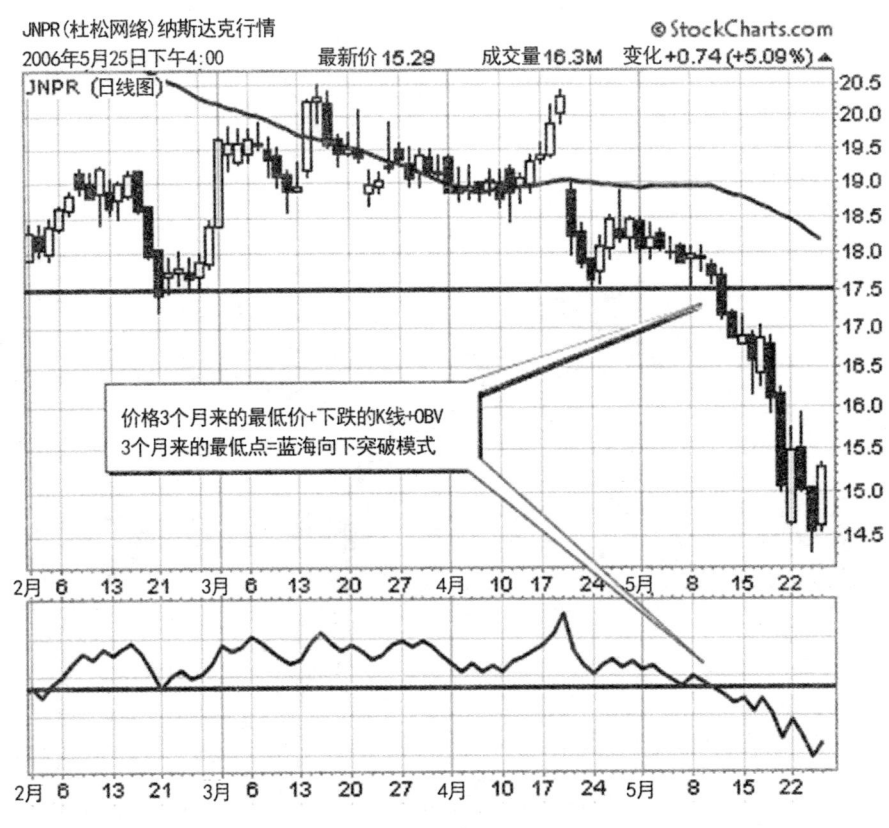

图 10.9　JNPR 显示蓝海向下突破模式

在图 10.10 中我们能看见 XMSR 在 4 月最后一天确认了蓝海向下突破，OBV 也确认了这点。在本例中，OBV 第一次向下突破到3个月的最新最低点,但股票的价格到了第二天才确认这次向下突破。一旦价格确认了突破——哈哈!股票的收益——有50%。请注意50天均线在稳定下跌,所以股票也在稳定地下跌趋势中。在本模式中没有用到均线,也没有用到趋势线,因为价格出现3个月的最低点,已经足够能够确认我们在下跌趋势中。

请注意图10.10中的XMSR是如何突然向下蓝海突破的。因为没有遇到支撑,价格趋向于向下快速急剧下跌。但是当底部的对冲者(对冲基金交易者)闻到了血腥味时,他们会大举进场,导致空头恐慌。空头回补仓位的力量很大:这种价格波动很厉害,几周的利润很有可能在几个小时之内就被扫光了。

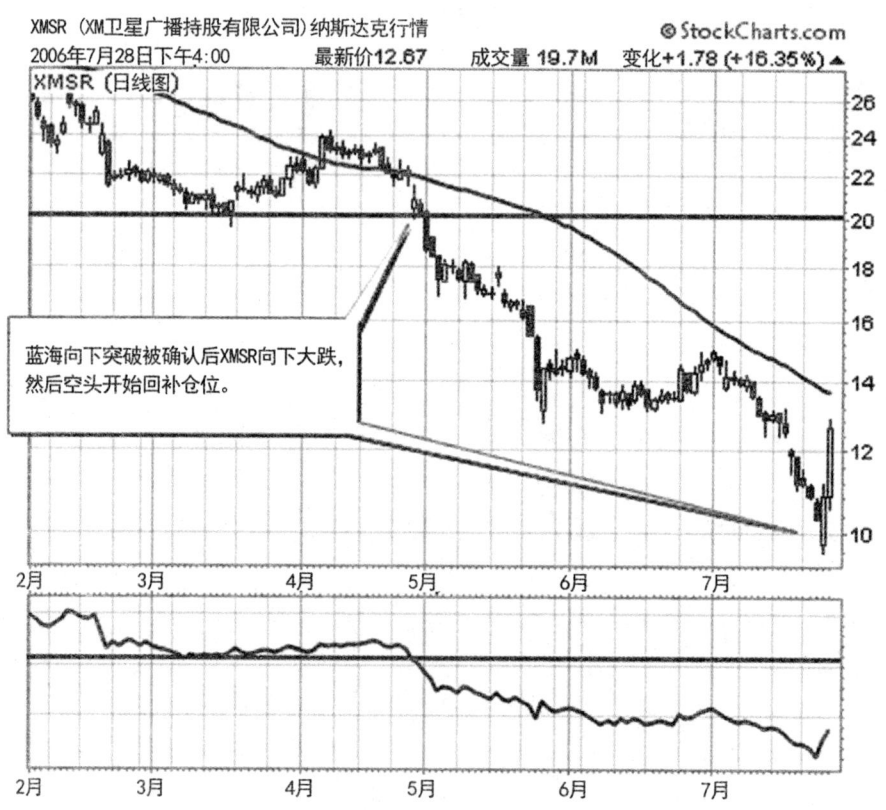

图10.10　XMSR显示蓝海向下突破模式

此时，如果你的方向和市场一致，那是好事；但是如果你正好在做空，那就是你的噩梦了。然而，如果你做好了止损，你还是可以轻松地在 3 个月内赚到 40% 的净利润。即使持有 4 周，净利润也会有 25%，在下跌的市场这个利润不算少了。这就是真正的以趋势交易为生。

当股票创造了近期最低点时，想进场做空是比较可怕的。这违反了"低买高卖"的思维。面对这种情况，我研究了一个好办法，就是把图表反过来看，然后问自己："我会买入这只股票吗？"如果答案是"是"，我就把图表再反过来，然后全力做空它！如果想在 stockcharts.com 反转图表，这是很简单的事：只要在股票代码前输入"＄ONE"就行了。

上升楔形向下突破

市场类型

这个模式最适用于：

- 弱势上涨的市场
- 强势上涨的市场
- 振荡的市场

特点

这个模式和前面讲的向上突破相似，但不一样。就像它的看涨"表哥"，这个模式可以使用在各种市场中。这也是一个反向交易法。我们要寻找的是在上涨趋势中的股票，它随时要以剧烈的方式下跌。当振荡指标在上涨趋势中越来越窄时，楔形就形成了。要想让这个模式有效，我们需要指标告诉我们价格在楔形内的价格行为：价格的动量在放缓，还要有证据表明股票正在被派发（卖出），而不是被收集（买入）。长期按照这个模式持有仓位会带来可观的收益，向下突破时会出现快速的卖出行为，在几天内可以获得10%甚至更多的收益，所以说这个模式是理想的趋势交易模式。

关键指标

这个模式需要价格模式（上升楔形）和MACD，OBV两个技术指标来确认。以下是具体要求：

- 第一，股票必须在某种明显的上涨趋势中，强势上涨或弱势上涨（请看之前的定义）。
- 第二，上涨趋势必须在越来越窄的区间内上下波动，如果是这样的话，价格的模式就叫作楔形。你可以在价格的最低点和最高点处画出上下趋势线，这样就能清楚地看见这个楔形。价格必须至少3次碰到（不必是最高点或最低点，只要日内价格碰到了就行）趋势线，碰到的次数越多越好，这样就能确认是楔形。
  - 上升楔形会形成像图10.11那样的上涨三角形。

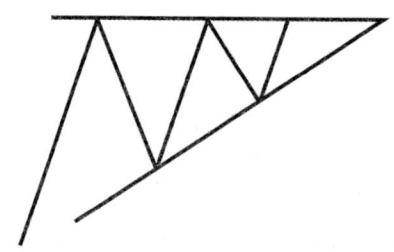

图10.11 上升的三角形楔形模式

  - 或者是出现像图10.12那样的模式，其中两条趋势线都在上涨。

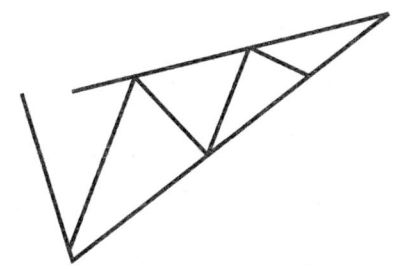

图 10.12 上升的三角形楔形模式

- 一旦我们确认了上涨股票的楔形模式，我们就要确认它是一个看跌上升楔形。我们用 MACD 和 OBV 来做到这点。
- 当价格在楔形内时，MACD 必须创造一系列次高点（价格可能会创造次高点）。
- OBV 必须跌到这个指标最低点下面的趋势线之下。
- 做空信号：当 OBV 的趋势线向下突破后，上升楔形的 K 线出现黑色时（收盘价低于开盘价），做空信号就被触发了。你也可以在 K 线是黑色的前提下，于 OBV 突破的当天进场。

筛选工具

利用现有的筛选工具不可能看出上升楔形，但是采用以下的筛选方法可以选出一些有可能的股票，可以进一步做研究。能力比我强的交易者可以自己修改这些参数，以更有效地找到一些适合的股票。

◇ 市场收盘后：

◇ 所有满足以下条件的美国股票……

- 今天成交量的 20 天均值大于 50 万。
- 今天收盘价的 60 天均线大于 10。
- 今天收盘价的 50 天均线大于今天收盘价的 20 天均线。
- 今天收盘价的 50 天均线大于 40 天前收盘价的 50 天均线。
- 过去 30 天内的最大振幅大于过去 15 天内的最大振幅。
- 过去 15 天内的最大振幅大于过去 5 天内的最大振幅。
- 今天的 OBV 小于 40 天前的 OBV。
- 今天的 MACD（参数是 12、26、9）小于 40 天前的 MACD（参数是 12、26、9）。
- 今天收盘价的 50 天均线大于今天收盘价的 200 天均线。

因为没有有效的筛选方法，你要自己用肉眼分析观察列表里面的股票图表。实际上，因为这个方法能让你观察到过去几天或几周楔形的形成过程，所以这个方法比较好。OBV 触发的信号是这个模式的关键：如果你在 OBV 触发信号时进场，这个进场点通常是明显下跌卖出刚开始的时候。用上面的筛选方法筛选出来的股票大多都已经发出了触发 OBV 的信号。

在图 10.13 中，NVDA 在向下突破前在一个越来越窄的区间内交易，这个区间也叫楔形。请注意一旦画好了两条趋势线，我们就能明显地看出支撑线上涨的倾斜度比阻力线的倾斜度大。这个指标提前告诉了我们会有麻烦，事实确实如此。如果在发出做空信号的这天进场——也就是 OBV 突破了趋势线——那么在 4 周后的收益将会有 30%。请注意，OBV 突破趋势线发生在价格突

第10章 选择下跌的股票进行趋势交易

破楔形模式之前。

图 10.13　NVDA 的上升楔形向下突破模式

在图 10.14 中，CSCO 在强势上涨趋势中向下突破了上升楔形，形成了向下突破的信号。虽然价格的收盘价并非低于楔形，这个信号也是有效的，可以在 20.75 这个价格收盘价进场。请注意触发信号这天的下跌 K 线和 MACD 的看跌指标。

图 10.14 在上升楔形中 CSCO 触发了 OBV 的卖出信号

向下突破了楔形之后表明 CSCO 的上涨趋势结束了。然后价格在趋势线之下，价格在随后 2 个月的时间内慢慢稳定下跌到 17.24，收益是 17%，很不错。请注意在图 10.15 中 CSCO 是如何从强势上涨趋势中突破楔形并形成强势下跌趋势的。

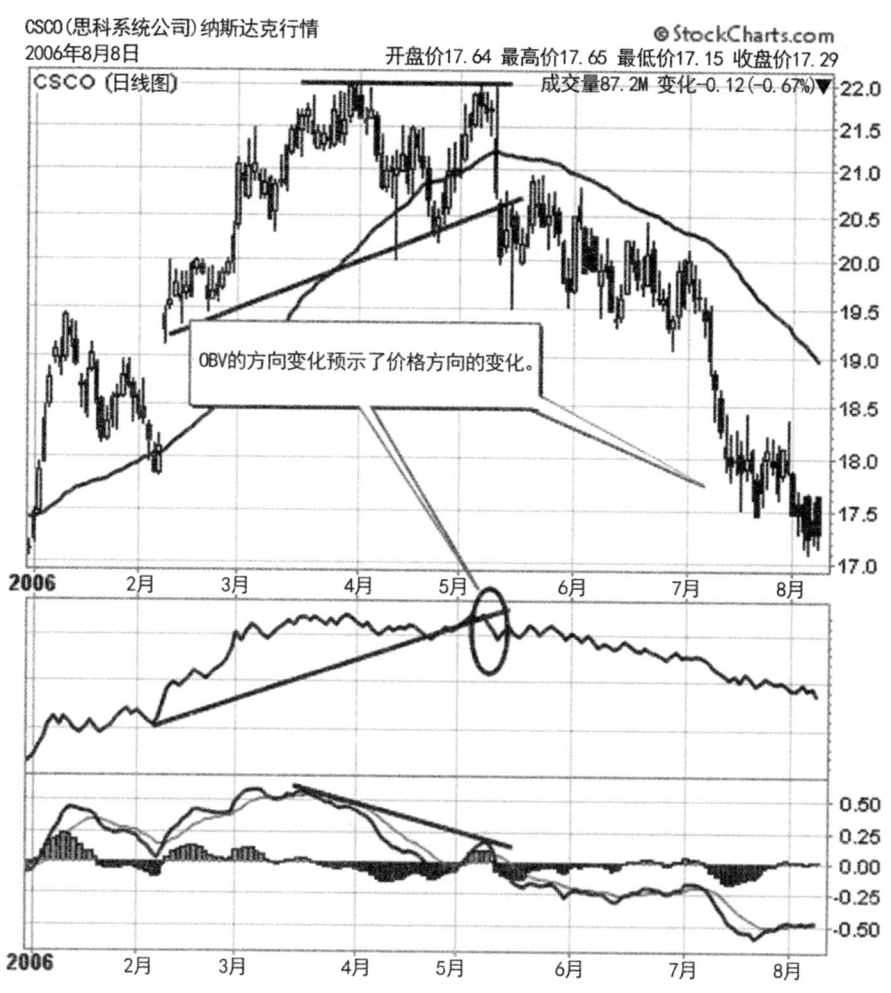

图 10.15　CSCO 的上升楔形向下突破模式

最后的筛选过程

你已经用肉眼观察了所有的图表，你已经用特定的筛选工具筛选出了股票，你手上有一些自选股，你正在考虑是买入或是做空。你下一步要做的事就是进一步筛选这些股票，找到质量最好的、最值得交易的的股票，你会在随后几个交易日内寻找进场机会。你可以把所有的股票和指标输入 stockcharts.com，并使用前面所讲的方法筛选和观察它们。要保证你的图表足够大，这样你就能清楚地看清至少半年的日线数据。然后你针对每种模式进行测试。再次强调，你必须进行测试，不能跳过这个步骤。这个过程很沉闷，有时候测试的收益也不多，如果你想找到一两个最好的交易机会，你就必须知道这个过程是很关键的。在这个过程中，你会把 B 级股票升级到 A 级股票。最后的这个步骤可以让自己尽量拥有优势。

以下是继续测试或筛选股票的方法。

上涨模式

回调：

以下条件会增加你的优势……

- 回调到支撑点的成交量比均值小。
- 回调时的收盘价不会低于 50 天均线。
- 支撑上涨趋势的趋势线没有被刺破。
- 任何指标都没有看跌背离。
- 在日线图上价格没有形成双顶形态（两个相等的最高价）。
- 在周线图上价格不会低于主要的周均线（比如 50 天或 200 天均线）。
- 进场后至少 2 周内才会宣布盈利预期（避免没有必要的波动性）。

压缩弹簧：

以下条件会增加你的优势……

- 弹簧内的成交量小于均值。
- 弹簧的 K 线不少于 7 根，不多于 15 根。
- 弹簧内的收盘价不低于 50 天均线。
- 弹簧内的红色 K 线（收盘价大于开盘价）比黑色 K 线（收盘价低于开盘价）多。
- 在弹簧期间内，RSI、CCI 和 OBV 中至少有 2 个指标是上涨的。
- 在周线图上价格不会低于主要的周均线（比如 50 天或 200 天均线）。
- 进场后至少 2 周内才会宣布盈利预期。

看涨背离：

以下条件会增加你的优势……

- 最后的最低价的成交量大于均值。
- 最后的最低价在以前的价格支撑区、长期趋势线支撑区或主要的均线支撑区附近。
- 指标的背离相对比较强（也就是价格很低，指标的值很低）。
- 至少 2 个指标发生了背离。
- 最后的最低点离 20 天均线至少有 10%。
- 在周线图上价格不会低于主要的周均线（比如 50 天或 200 天均线）。
- 进场后至少 2 周内才会宣布盈利预期。

蓝天突破：

以下条件会增加你的优势……

- 突破这天的成交量大于均值。
- 突破的最高价是过去 6 个月（或更长时间）以来的最高价。
- 突破后会有一段时间的整固，有好几次向最高价的假突破。
- 进场后至少 2 周内才会宣布盈利预期。

底部上涨突破：

以下条件会增加你的优势……

- 出现信号的这天成交量大于均值。
- 价格还没有突破看涨的底部。
- 底部持续的时间大于最低的要求时间。
- 红色的 K 线比黑色的 K 线多。
- 周线图上表明底部在主要的周均线附近（20 天、50 天或 200 天均线）。
- 进场后至少 2 周内才会宣布盈利预期。

下跌模式

减缓反弹：

以下条件会增加你的优势……

- 反弹到阻力的成交量低于均值。
- 回调时的收盘价不高于 50 天均线。
- 下跌趋势的趋势线没有被刺破。
- 指标都没有出现看涨背离。
- 在日线图上价格没有形成双底，也没有形成反转的头肩形态。

- 在周线图上价格不会低于主要的周均线（比如50天或200天均线）。
- 进场后至少2周内才会宣布盈利预期。

看跌背离：

以下条件会增加你的优势……

- 在最新的最高价处成交量大于均值。
- 最新的最高价在以前的价格阻力区附近。
- 相对价格而言，指标的背离比较强（也就是价格很高，指标值很低）。
- 指标背离很厉害。
- 至少2个指标出现了背离。
- 最新的最高价离20天均线至少有10%的距离。
- 在周线图上价格不会低于主要的周均线（比如50天或200天均线）。

向下跳空：

以下条件会增加你的优势……

- 向下跳空这天成交量大于均值。
- 向下跳空以前的最高价在以前的价格阻力区。
- 向下跳空以前的最高价伴随着一个或几个指标出现了看跌背离。
- 进场后至少2周内才会宣布盈利预期。

蓝海向下突破：

以下条件会增加你的优势……

- 向下突破这天的成交量大于均值。

- 向下突破后的最低价是6个月（或更长时间）以来的最低价。
- 向下突破后是一段时间的整固，会有几次向新的最低点的假突破。
- 进场后至少2周内才会宣布盈利预期。

上升楔形向下突破：

以下条件会增加你的优势……

- 出现信号这天的成交量大于均值。
- 价格还没有突破楔形。
- 上升楔形比上涨三角楔形要好。
- 下跌的K线比上涨的K线多。
- 在楔形期间，RSI、CCI和OBV之间至少有2个指标是下跌的。
- 在周线图上，楔形在主要的周均线（20天、50天或200天均线）附近。
- 进场后至少2周内才会宣布盈利预期。

最后的筛选过程会迫使你只聚焦于最有技术优势的股票。最后还有一个最重要的问题：回报风险比值得你进行交易吗？

为了计算股票的回报风险比，把你的预期收益除以你的止损。如果你计划采用跟踪止损的方法（第11章会解释），那么回报风险比是1.25或更大。比如，如果你的价格目标是赚10%，那么你能承受的风险应该是8%。当交易对你越来越有利时，你的回报风险比就越来越有优势。最好的回报风险比是从2.0或更大的数字开始。对于任何模式，如果当价格碰到阻力区时的潜在利润不到10%，那么就放弃这只股票。

最后再说一点：如果你认真研究了几个小时，结果没有找到一只股票符合技术标准，回报风险比也不好，这是很正常的。正如特朗普所说的："有时候最好的投资正是你没做的投资。"我们不但要听特朗普的投资建议，更要明白他的言下之意：站在旁边观望比冒险把钱亏掉要好。

第 11 章
进场和出场

在继续谈其他话题之前，请让我花点时间告诉你我在前面关于交易心理的解释。即使是最好的交易系统也会让交易者遇到情绪和心理上的问题，所以我推荐了几本主要的相关著作。如果你没有阅读那部分的文字，那么我建议回到前面去阅读，并研究其中提到的一本或多本著作。花一周时间去学习如何控制自己的情绪，那么你就能用一生时间做好兑现利润了。

进行交易

如果你发现一只股票，它符合某个模式的所有要求，它也通过了你的进一步筛选，它的回报风险比也很高，那么剩下来的事就是找到最好的进场价并通过你的经纪公司下单。对于所有的模式，我建议采用以下方法寻找最好的进场价，这个方法最合理，也是最赚钱的。

对于做多的模式

一旦所有的进场条件都满足了，把前一个交易日最高价加上 0.02 美元（针对波动慢的股票）作为止损点；或者是把前一个交易日最高价加上 0.05 美元（针对波动快的股票）作为止损点。

如果股票是跳空高开的，超过了进场价，那么可以用限价单，以等待价格回调时买入。如果限价单没有成交，那么就当这笔交易失败了，再换一只股票。

对于做空的模式

一旦所有的进场条件都满足了，把前一个交易日最低价减去 0.02 美元（针对波动慢的股票）作为止损点；或者是把前一个交易日最低价减去 0.05 美元（针对波动快的股票）作为止损点。

如果股票是向下跳空开盘的，超过了进场价，那么可以用限价单，以等待价格反弹时做空。如果限价单没有成交，那么就当这笔交易失败了，再换一只股票。

我还要讲一个重要的原则：进场是交易中最不重要的部分。很多交易者为了进场价的一二分钱的优势而错过了机会。我见过有些交易者因为不愿意为他们的股票多付 1 毛钱，结果错过了超级利润。所以不要担心进场价，如果你有一个很好的交易策略，收盘时你的进场价订单没有成交，不要放弃机会，你可以多付点钱进场并相应调整你的止损点和价格目标。

进场是最简单的交易步骤，知道何时出场才是比较难的。出场不但难，而且对于大部分人来说，几乎无法做到在正确的时间出场。如果交易对我们不利，我们要么恐慌并提前卖出，要么产生了不合理的期望并持有仓位的时间过长。如果交易对我们有利，我们要么因为恐惧而提前出场，要么因为贪婪而持有仓位的时间过长。真正的交易大师能把市场的噪音变成利润，而这正是因为他们知道何时出场。

对于这种天才来说，他有第六感，他凭直觉就知道价格何时会反转，这是神圣的天赋才能。对于大部分人来说，我们需要严格的原则来规范自己；只有遵守了原则，我们才能控制自己的情绪和思维，并防止出现我在介绍中提到的尴尬交易。我会在后面给出这些原则，并提供一些出场策略。你可以尝试各种出场策略，看看哪种最适合于你的交易风格。

止损

一旦你进场了，你就要做好你的出场策略。这个策略必须考虑到两个可能的结果：对你不利的交易，你要出场以止损；对于有利的交易，你要在动量消失前兑现利润。在本节，我们先讨论前面的两个可能性：如何管理亏损。

记住，我们不是仓位交易者，也不是买入并持有者。趋势交易不是为了捕捉股票的整个行情，只是为了吃到目前趋势的"肉"。我们希望胜率比较高（胜率至少是60%，结合一些系统和市场状况，可以做到80%），亏损少，利润比较小时不后悔。很明显，我们希望利润奔跑，但是当利润开始减少时我们就快速兑现了利润（如果你想长时间持有，它们总是这样）。当交易对我们不利时，减小亏损的方法就是设置止损。

对于任何一笔交易，当你进场后，你必须有一个止损点，当交易对你不利时，你就毫不犹豫卖出。我们所说的止损是为了控制亏损，无论如何都要离场。再强调一次：每笔交易都要设置止损，止损点是一个明确的价格（千万不要说脑子里面想好了止损——我才不信呢）。当你亏损时，或利润减少时，你在这个价格就要平仓。

我传授给我的学生4个设置止损的方法。根据你的交易风格、交易经历、研读图表的经验、对风险的忍受度等等不同，你可以选择最适合你的方法。我给你的建议是这4种止损方法都要测试一下，看看哪种方法最适合你赚钱。记住，唯一错误的止损方法就是不止损。这4种止损方法分别是：

- 百分比止损
- 价格模式止损
- 平均真实振幅止损
- 抛物线止损并反转指标止损

百分比止损

百分比止损最容易设置。它是这样设置的：计算进场价的某个百分比数值，就把结果作为止损点。在趋势交易中，根据股票的波动性以及你使用的模式不同，不同的股票有不同百分比的收益。在大部分情况下，考虑到这些交易的持仓时间都不会太长，无论你对交易的结果有多高的期待，止损都要设置在8%以内。如果交易对你有利，你在每天收盘后都要根据收盘价重新计算新的止损点。有些在线经纪公司提供跟踪止损功能，它会根据每天最新的最高价（如果是做多的）、最低价（如果是做空的）或收盘价自动帮你计算止损点。

价格模式止损

价格模式止损比较复杂，我就使用这种止损方法：在图表上寻找价格的支撑点（如果是做多）或阻力点（如果是做空的），如果价格刺破了这些区域，那就说明这笔交易就不太可能取得成功。支撑点和阻力点可以是主要的均线、以前的价格反转区或趋势线。如果交易者了解布林通道或其他标准偏差包络线，也可以利用这些工具设置止损点。

价格止损模式是比较合理的止损方法，它不是根据进场点价格任意选择一定的距离作为止损点，而是根据价格自身的波动行为来决定止损点。另外，价格模式止损能让你快速地研读出回报风险比。比如，你的股票在强势上涨趋势中回调到 50 天均线，然后在均线之上 3% 处触发进场信号，同时你把价格目标设置为 12%。这是一个很不错的回报风险比，适合进场。但是对于任何一笔交易，我建议总风险不要超过 8%。大部分情况下，你可以把止损设置在 5% 到 6%。我们的《波段交易者》业务通讯邮件推荐的交易，它们的平均止损是 4.76%。就让那些投资者和仓位交易者去忍受 2 位数的亏损吧！

平均真实波幅止损（ATR）

第三个计算止损点的方法就是使用股票的平均真实波幅（ATR）来计算。ATR 中的"R"指股票在当天的最高点到最低点之间的波动距离；"T"则表示要利用前一天的收盘价进行计算，因为也包含隔夜的跳空缺口；"A"则表示要计算移动平均值，这个指标的最终值是均值。ATR 可以计算股票的日内波动性。如果股票倾向于在比较大的区间波动，那么 ATR 就会变大；如果股票在整固且日内波动很窄，那么 ATR 就会变小。使用 ATR 止损说明你愿意接受股票的不同波动性带来的亏损：如果波动性大，潜在的回报也大，但是潜在的亏损也大。

大部分提供图表服务公司的软件会帮助你计算 ATR 的。ATR 默认的时间参数是 14 天，这个参数没问题。如果把 ATR 的值加倍，通常这是很好的止损点。如果这个数字大于 8% 的亏损，说明这只股票的波动性太厉害了，只能轻仓交易或根本就不要交易。ATR 可以帮助你做好仓位管理，是一个有价值的工具，很多基金经理用各种 ATR 公式来做计算，以减少投资组合的风险。

抛物线止损并反转指标止损

第四个，也是最后一个方法就是采用抛物线止损并反转指标止损，你的图表软件也能帮你计算的。大部分图表软件都可以在价格图表上画出抛物线止损并反转指标。这个指标是维尔斯·韦尔德开发的，可以用止损并反转的方法来交易波动性大的股票：如果你在做多的时候被提示止损了，你可以理解做空；反之亦然。这个指标对于大部分股票来说不太适用于进场，但是作为止损是很方便的。抛物线止损并反转式指标包含了每天 K 线下面的一系列点，当股票上涨下跌时，这些点在改变位置。如果股票是横盘的，这些点也会变动。抛物线止损并反转指标既是价格止损，也是时间止损：如果交易没有变化，或者是交易对你不利，你的止损点都会收窄——因此，这是一个有效的工具。

你的图表软件会告诉你每天抛物线止损并反转指标值是多少，所以这些值就是你的止损价格。图 11.1 是抛物线止损并反转指标的例子，股票是 MRVL。你可以看见抛物线止损并反转指标很好地捕捉到了主趋势，但是在振荡的市场它会亏钱。

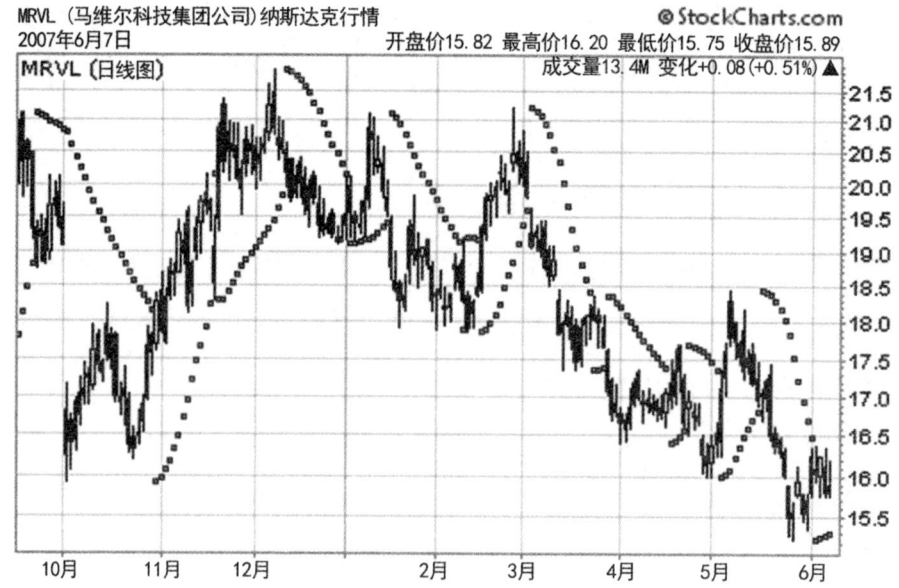

图 11.1　MRVL 显示了抛物线止损并反转指标止损点

如何兑现利润

你持有仓位的第二个可能性就是仓位赚钱了。剩下来的工作比较开心，但也是比较难做决定的，那就是如何兑现大量的利润。很多交易者止损很快，但是在面对利润时，总是过早卖出，为此痛苦不已。

我传授给学生们4个兑现利润的方法。再次说明，根据交易风格、交易经历、研读图表的经历、对风险的忍受度等等不同，你可以选择最适合你的方法。我给你的建议是这4种止损都要测试一下，看看哪种最适合你赚钱。记住，兑现利润的人不会破产。以下是4种兑现利润的方法：

- 百分比利润离场

- 价格支撑点和阻力点离场
- 平均真实波幅离场
- 跟踪止损离场

百分比利润离场

最简单的出场策略就是百分比利润离场。你可以在进场价格的基础上加上相当于止损点位 1.5 倍到 2.0 倍的目标距离作为利润价格目标。比如，如果你的止损点是 5%，那么你的利润目标是 7.5% 到 10%。当市场对你有利时，你的止损点也许会变化；但是你的利润限价单必须一直在市。只要止损单和利润限价单中的任何订单被执行后，这笔交易就算是结束了。因为我们筛选出来的股票波动性大，贝塔值大，这种情况会在几天内结束。

价格阻力点或价格支撑点离场

比较复杂的设置利润限价单的方法是寻找价格的阻力点（如果是做多的）或价格支撑点（如果是做空的），一旦价格波动到这样的价格区域，那么它就吸引了错误的大众（卖家扑向阻力点或买家聚集在支撑点）。价格支撑点或阻力点可以是主均线、以前的价格反转区域或趋势线。如果交易者比较了解布林通道或其他类型的标准偏差包络线，也可以用它们设置出场模式。用这个方法兑现利润更合理，它要借助于你研读图表的能力优势。

平均真实波幅利润离场

第三个计算出场目标的方法是采用平均真实波幅利润出场。要计算这个目标，如果你的止损目标是 2 * ATR，那么就把 ATR 乘以 3。比如，如果你在交易 RIMM，它现在的价格是 96.82，ATR 值是 3.25。如果你的进场价是 96.00，那么你的止损点就是

96.00 - （2×3.25），也就是 89.50；你的目标限价单的价位在 96.00 + （3×3.25），也就是 105.75。

跟踪止损利润出场

第四个和最后一个方法就是当仓位赚钱时，在收盘价的基础上采用跟踪止损（做多时向上抬高目标，做空时向下降低目标），这是我常用的方法。研究表明跟踪止损是最赚钱的。为什么是最赚钱的？因为它遵守了最古老的格言："让利润奔跑。"因为设置特定的利润目标能让你的交易成交量平稳，所以这也是最好的趋势交易方法。如果你希望自己的交易账户能够产生稳定的现金流并支付自己的生活账单，那么这个方法是不错的。使用利润目标的问题是你会错过大行情，这些大行情本来是可以让你的账户大幅增值的。实际上，你大部分的交易都是亏损的，如果你止损并让利润奔跑，每年2~3次大行情能让你在交易界长期生存。

请阅读《市场奇才》中关于奇才们的故事：几乎每个交易者都是依靠1~2笔大行情而实现从新手转向专业交易者的。所以，如果你不知道如何设置利润目标，或者是你认为自己的股票就是下一个谷歌，那么就继续持有，并让跟踪止损自动为你平仓。

实战交易

你已经准备好了进行赚钱的趋势交易的方方面面，但是还不能赚钱，这是因为还缺少一个重要的交易部分：实战经验。交易者需要无数个小时的实战才能让自己找到很好的交易模式、持续赚钱、合理地止损并最终让交易账户创造新高，而这些经验都是无法复制替代的。要想把本章介绍的知识应用到实战，我建议你采用以下步骤：

- 至少把本章读 2 遍。我们在阅读的时候总是带有偏见，这些偏见会让我们错过一些重要的信息。所以重复阅读本章可以让你发现第一次阅读时忽略的内容。

- 花几天时间研究观察列表中的股票。研究本书中的图表研读模式需要很多小时，这个过程是无法替代的。你要把这些模式变成自己的东西，就像是自己的本能一样。你要在股票交易中形成自己的直觉，像某个特定的设置，尽管有很多因素对此设置造成干扰，但是你的直觉很强烈，你甚至等不到第二天就想尽快进场。

- 认真做好仓位调整。这方面的内容可以用整章内容来讲解，不过我不想用自己的理论来烦你，我建议你阅读范·萨普的《通向财务自由之路》的第 12 章内容。简而言之，我总是建议我的学生们把资金分成几等份，每笔交易资金不能超过 1 等份。当你刚开始进行趋势交易时，你的仓位要非常轻（分成 10 等份比较好）。等经验丰富了，再增加仓位。你可以在连续亏损的时候减小仓位，在连续盈利的时候增大仓位，这是一个很好的思路。这有点像是违反直觉。但是在交易中，亏损趋向于带来更多的亏损，盈利趋向于带来更多的盈利。

PART FOUR

第四部分 用期权做趋势交易

第 12 章
期权基础知识

我们再来看看用另外一个品种是如何做趋势交易的，这个品种就是期权。期权可以增加趋势交易的灵活性。也许你不喜欢某个特定模式的风险，但是你喜欢它的图表，是不是？那么你可以交易对应这只股票的期权。也许你手上没有足够的现金，但是你预测到谷歌（目前的股价是500美元）会有行情，此时怎么办？你可以买入一点期权。如果你的持仓利润很高，你是不是担心市场会反转？你可以用期权来增加保险。你想在某家公司公布赢利报告的时候进场并通过大行情赚到利润，同时你又不想搞错方向，怎么办？你还是可以用期权实现你的目标（你猜对了！）所以你此时可能会问，期权到底是什么？

什么是期权？

期权的交易方式和股票差不多。如果你认为期权的价格会上涨，你就可以买入期权；如果你认为期权的价格会下跌，你就可以做空期权（这也叫作发行期权）。期权分两种：看涨期权和看跌期权。看涨期权的价格一般随着股价的上涨而上涨；看跌期权的价格一般随着股价的下跌而上涨。所以总体而言，买入看涨期权的买家和看跌期权发行人都是股票的多头；做空看涨期权发行人和买入看跌期权的买家都是股票的空头。

期权的买家拥有权利，期权发行人拥有义务。期权的买家有权利，但不是义务，以特定的价格买入（如果买入了看涨期权）或卖出（如果买入了看跌期权）对应的股票。这个权利在期权到期前一直存在。你买入的任何期权合约都有特定的到期月，期权的到期日是到期月的第三个周五。期权的发行人有义务以特定的价格卖出（如果做空了看涨期权）或买入（如果做空了看跌期权）对应的股票，这个义务在到期前一直存在。

因为期权价格的原因，买入期权是没有保证金要求的；买入期权时，账户会按照买入期权时的总价值被记入借方。发行期权时，账户会按照卖出期权时的总价值被记入贷方。在期权到期失去价值的时候账户里面必须有足够的资金。然而，因为当期权持有人行权的时候，期权卖家有义务买入（做空看跌期权）或卖出（做空看涨期权）对应的股票，因此他们的风险大于期权的总价值。因此，做空期权时需要账户里面有更多的资金，需要用到保证金账户。如果期权发行人或卖家并不持有对应的股票，有些经纪公司是不允许发行人或卖家发行或做空期权的。

股票期权术语

要想交易期权，你必须了解期权市场的术语。我收集了一些关于期权买卖的常用术语。

价平

如果期权行权价和对应股票价格差不多，那么这只期权就叫价平期权。

通常，价平期权比价外期权成本贵一点。

买入平仓

买入平仓就是买入你正在做空的合约。

买入开仓

买入开仓就是买入你并未持有的合约。

看涨期权

看涨期权是一种合约，它让持有人有权在到期日前的任意时刻以行权价买入对应的股票。

德尔塔

在期权术语中有几个希腊字母被用来表示期权价格的变化。最重要的就是德尔塔。

德尔塔指期权价格和股价的比率，通常这个比率不是1∶1。大部分情况下是0.5∶1（通常比这个数字还要小）。换句话说，如果德尔塔是0.5，那么股票波动1美元的话，期权价格会相应地波动0.50美元。这看起来似乎期权没有股票好，但是期权可以把价格抬起来——只要用比较少的资金买入1手就能控制100股股票——如此说来，即使德尔塔比率不好，期权还是很吸引人的。

德尔塔也有好的一面：当股价越来越趋向于价内时，德尔塔也会变化。通常，在行权价的德尔塔是0.5左右。然而，价内期权的德尔塔比率可以接近于1∶1。反之亦然：如果股票的价格离开了行权价，是价外状态，德尔塔就倾向于减小。这个因素——德尔塔因素——让期权变得非常适合于趋势交易：当仓位对我们有利时，仓位增值的速率越来越快；当仓位对我们不利时，仓位贬值的速率越来越慢。

行权风格

- 美国风格：美国风格的期权可以在到期日之前的任意时刻行权。
- 欧洲风格：欧洲风格的期权只能在到期日（不是之前）行权。

行权和履行义务

行权就是期权持有人决定在行权价买入或卖出对应的股票。履行义务就是期权卖家（被称为期权发行人）根据自己发行期权时的义务买入或卖出对应的股票。期权持有人行权的同时期权发行人就要履行义务。

到期日

期权在到期月的第三个周五的收盘时到期。所有的期权从当前月到下个月，再到以后的月份都有对应的期权，股票在不同的月份对应不同的期权合约，到期月有 3 种循环方式，它们分别是：

1. 1 月、4 月、7 月和 10 月
2. 2 月、5 月、8 月和 11 月
3. 3 月、6 月、9 月和 12 月

期权到期的日期就是到期日。

持有人

持有人就是买入期权合约的人。先做空期权然后再买入期权的人不叫持有人，他们的行为只是平仓。期权持有人是指做多期权的人。

价内

- 看涨期权：对应股票的价格高于期权的行权价。
- 看跌期权：对应股票的价格低于期权的行权价。
- 请注意：所有具有内在价值的期权都是价内的。

通常，价内期权的购买成本比价平期权的成本高。

内在价值

内在价值是期权价格的一部分，是在当前市场行权和平仓时产生的价值。

做多

如果你拥有一只证券或股票期权，那么就可以说你在做多证券或期权。

价外

- 看涨期权：对应股票的价格低于期权的行权价。
- 看跌期权：对应股票的价格高于期权的行权价。

期权价格

期权价格就是你为期权合约所支付的价格。

期权价格是由以下多种因素决定的，但不局限于这些因素，这些因素包括对应资产的价格、行权价、到期前的时间（时间价值）、股票的波动性。期权价格是在每股的股价基础上决定的。1手期权对应100股股票。因此，如果期权价格是2.50，那么一份期权合约的总成本是250美元（期权价格2.50×100股）。买入期权就意味着在买家的交易账户里把期权的总成本记入借方。发行或做空期权就意味着在卖家的交易账户里把期权的总成本记入贷方。

看跌期权

看跌期权是一份合约，它让持有人在到期前的任意时刻有权利以行权价卖出对应的股票。

卖出平仓

卖出平仓就是卖出你目前持有的合约。

做空

如果你卖出你并不拥有的证券或股票期权，那么你就是在做空这只证券或期权。

时间价值

买入的期权在到期前是有价值的，这个价值叫作期权的时间价值。期权离到期日时间越远，它的时间价值就越高；期权离到期日越近，它的时间价值就越低。随着时间的推移，时间价值降低的速率会呈指数变化。当期权离到期日越来越近时，期权的时间价值降低得越来越快。在到期日这天，期权是没有时间价值的。

行权价

行权价就是当对应的资产买入或卖出时合约被执行的价格。

在对应资产现价的上下可以设置多个行权价。如果股票的价格低于25美元，那么可以以2.50美元为间隔设置多个行权价；如果股票的价格大于25美元，那么可以以5美元为间隔设置多个行权价（译者注：一个行权价对应一种期权合约）。

对应的（资产）

期权合约所根据的资产就是对应的（资产）。它可以是股票、指数、外汇、利率或期货合约。对应的（资产）通常指对应的利息、对应的资产、对应的证券或对应的股票。

发行人

发行人就是通过卖出期权合约开仓的人。发行人是愿意接受风险的人（发行期权是有风险的）。卖出持有的期权合约的人不是发行人，他们卖出只是为了平仓。期权发行人是指做空自己发行的期权的人。

发行（卖出以开仓）

卖出以开仓就是做空你并不拥有的期权合约。发行人承担了风险（发行期权是有风险的）。卖出持有的期权合约的人不是发行人，他们只是为了平仓。期权发行人是指做空自己发行的期权的人。

总结期权原理

- 股票期权给你权利买入或卖出对应的股票。
- 如果你买入了期权，你并没有义务去买入或卖出对应的股票，你只是有权利这么做。
- 如果你做空一只期权且这只期权被别人行权了，无论对应的股票现价如何，你都有义务以行权价交付对应的股票（如果你买入了看涨期权）或接受对应的股票（如果你买入了看跌期权）。
- 在特定的时期期权很不错，一旦期权到期后，你就没有权利以特定的价格买入或卖出对应的资产了。
- 买入期权等于把买家计入借方。
- 卖出期权等于把卖家计入贷方。
- 同一个资产可以对应几个不同行权价的期权。

- 期权成本就是指期权价格。期权价格反应了多种因素，包括对应股票的现价、期权行权价、离到期日的时间和波动性。
- 不是每只股票都有期权。大约有2200只股票有期权。1手期权代表100股股票。

期权的优点

期权是最丰富多彩的投资工具。比如说，它们可以对应各种投资工具，包括股票、指数、ETF（像QQQQ）、商品期货、外汇和债券。期权对应的所有投资工具的功能都和前面讲的一样。我们在这里只重点谈股票期权。

和简单的股票相比，期权还有许多特有的功能。

- 期权可以用来对冲风险。

如果你有1000股IBM，你认为这只股票会回调，你可以买入10手看跌期权（或卖出10手看涨期权），一旦IBM股价回调了，你的期权就增值了。一旦股票的卖出行为结束了，可以卖出看跌期权以弥补股票下跌带来的亏损。它有两个作用：弥补股票的部分亏损，期权带来的利润可以摊平持有IBM的成本。

- 当市场波动厉害，无法预测时，可以用期权来产生利润。

如果股票的波动对我们有利，期权趋向于快速增值；如果股票的波动对我们不利，期权趋向于慢速贬值。有些策略就是利用了期权的这个特点，这是我们在前面提到的德尔塔因素导致期权拥有这个特点。只要用心交易，期权就能产生很多持续的收益。以RIMM为例，如果你认为RIMM在公布盈利报告时会疯狂波动,但是你又不知道它是向上还是向下波动,你可以同时买入RIMM 的看涨期权和看跌期权。如果在公布盈利报告的那天RIMM 强势上涨,你可以卖出看跌期权止损并持有看涨期权获得收益。因为德尔塔因素,看跌期权贬值的速度慢于看涨期权增值的速度。在公司公布盈利报告的时候可以利用这种期权差别一次又一次地赚钱。我们会迟点告诉你如何运用这个策略。

- 期权让资金帐户小的散户用极大的杠杆交易高价股。

如果不是买股票,而是买入看涨期权或看跌期权,交易者只要几千美元就可以控制很多股票,这样不会因为资金少而买不起高价股。交易者可以满仓持有一些高价股和波动大的股票,平时资金账户小的交易者是无法做到这点的。通过期权,资金账户小的交易者可以把自己的仓位放大几倍。

股票期权相对于股票的主要优势是杠杆。杠杆的定义就是投资者可以用少量的钱去完成大量的钱才能完成的工作。把 1 美元投资于股票期权相当于控制了 10 美元甚至更多的股票。

我们来讲一个真实的例子。假如说我认为 EBAY 会在未来几周上涨,我想买入 500 股。目前 EBAY 的股价是 40 美元。500 股 EBAY 的价值是 2 万美元。假如我判断正确:EBAY 在下个月涨到了 50 美元。那么我的 500 股现在值 2.5 万美元。我的利润是 5000 美元,我的原始投资赚了 25%,还有少量的佣金没计算在内。以下是这笔交易的总结:

- 以 40 美元的价格买入 500 股 EBAY,成本 2 万美元
- 股票涨到了 50 美元,利润是 5000 美元,赚了 25%

只要你能在一个月内赚到 25%,你的交易就是完美的。
假如说这次不是买股票,而是买期权。如果 EBAY 的价格是

40美元，我认为它会上涨，我会买入看涨期权，这只期权的行权期在2个月以后（给交易一点时间让机会成熟）。目前这只期权的价格是4.00，也就是每份合约400美元。我准备用2000美元买入5份合约。这次我又判断正确，EBAY涨到了50美元。德尔塔值是0.5，然后又涨到了0.7，期权从价平状态到价内状态，看涨期权的价格从4.00涨到了10.00左右。现在5份合约价值5000美元。不考虑手续费，我赚了3000美元。虽然这次利润没有股票赚得多，但是它代表了150%的收益。请这样思考：如果我用同样的钱（2万美元）买入期权，我可以买入50份看涨期权，这50份看涨期权的总价值可以涨到5万美元，净利润是3万美元，而股票只赚了5000美元，这就是6倍的杠杆。所以我说期权有杠杆作用，没错，宝贝，这就是杠杆！

总结如下：

- 以400美元的价格买入5手EBAY的看涨期权，总成本是2000美元
- 股票涨到50美元，利润是3000美元，也就是150%。

如果EBAY并没有按照预期的方向走，结果会如何？如果EBAY没有涨10美元，而是跌了10美元，结果会如何？那么我的投资会如何？如果我只买了500股股票，我会亏损5000美元。那么2万美元的投资现在只值1.5万美元，亏损了25%。但是如果我买了5份看涨期权合约，我也会亏损，但不会亏那么多。德尔塔因素会在亏损的时候对我有利。当EBAY的价格对我们不利时，我们的期权越来越处于价外状态，期权贬值的速度会放慢。在EBAY卖出的期间我也会亏损，但是和股票相比，期权的亏损会减少。这意味着买入期权的风险小于买入股票的风险。比如：

- EBAY 从 40 美元跌到了 30 美元，等于这笔交易亏损了 5000 美元。
- 但是：我的期权从 4.00 跌到了 2.00，等于期权交易亏损了 1000 美元（如果股票上涨了 10 点，那么利润是 3000 美元）。
- 所以：期权的回报风险比是股票的 3 倍，真的要感谢德尔塔的力量啊。

和买入股票相比，买入期权还有几个其他的优势。当你利用股票的卖出现象赚钱时，证监会不会逼你一定要在上涨时才可以卖出。如果你想做空股票，你要等到股票上涨了才能建仓做空，期权没有这方面的要求。你只要简单地买入看跌期权就行了，没有必要等价格先上涨。

对于看跌期权，你不必支付红利，也不必支付保证金利息。如果你做空股票，你要支付你投资额 50% 的利息（保证金费用），如果股票有红利，你还要支付红利。

期权的劣势

期权也有一些劣势需要指出来，这样大家才能找到理想的投资工具。

- 时间价值衰退：当期权越来越接近到期日时，期权的价值越来越小，你无法改变这个现象。
- 随着时间的推移，时间价值的衰退越来越快：越是接近到期日，衰落越快，请看图 12.1。

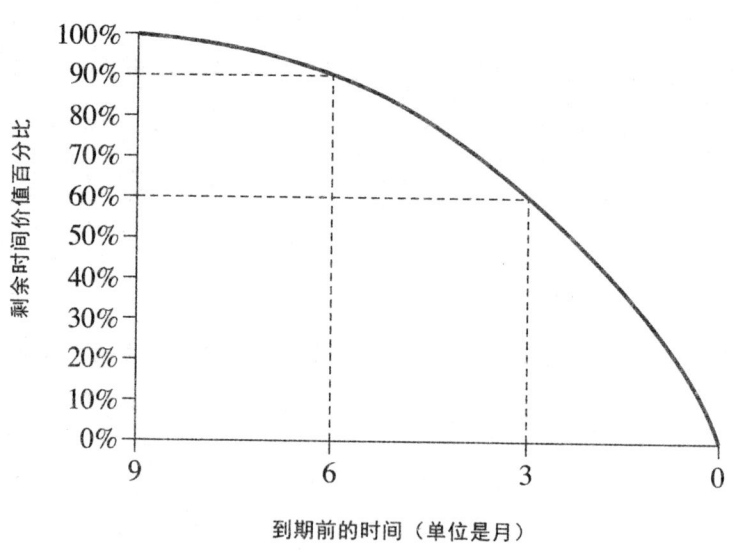

图 12.1　时间衰落曲线

- 亏损时会丧失所有的投资金额：如果交易对你不利且你持有到到期日（我们要尽量避免这么做），那么你的期权就作废了，你什么都没得到。
- 这意味着你要缩小仓位，这样总体的收益也减小了。
- 想实现复合收益很困难，如果你采用100%的杠杆，偏偏又亏损了，这种亏损带来的打击是巨大的，很难恢复。
- 交易期权的时候，你在收盘时间是无能为力的：如果半夜出现了一个坏消息，你根本没有办法去处理自己的期权，必须等到第二天开盘。
- 和股票相比，期权的流动性比较低：很多价外的期权长期没有交易。
- 通常，股票的流动性越好，期权越接近于价平，期权的流动性就越好。
- 期权的买入报价和卖出报价的价差很大。
- 对于交易活跃的股票，期权价差通常是 0.10 到 0.20。
- 对于流动性不好的股票，期权价差是 0.40，甚至更大。
- 有些个人退休账户不能交易期权。
- 有些个人退休账户限制期权交易，你能买入期权，但禁止发行期权。

图 12.1 明显地显示了当期权接近到期日时，它的时间价值呈指数型衰落。随着时间的推移，期权的风险在增加：如果在买入期权后，对应的股票在短期内没有向有利的方向波动，期权赚钱的机会就变小了；耽误的时间越长，期权越没有机会赚钱。

基本期权参数

期权合约包含 4 个方面：对应的资产、到期月、行权价和类型。
- 对应的资产＝期权对应的市场（股票，指数等）。
- 到期日＝到期月的第三个周五到期。
- 行权价＝期权持有者在这个价格拥有权利（不是义务）购买对应的资产。

期权被分为价内期权、价平期权和价外期权。
- 价内＝看涨期权的行权价小于对应资产的价格；看跌期权的行权价大于对应资产的价格。
- 平价＝看涨/看跌期权的行权价和对应资产的价格一样。
- 价外＝看涨期权的行权价大于对应资产的价格；看跌期权

的行权价小于对应资产的价格。

类型=看涨期权或看跌期权。期权只有两种类型：看涨期权和看跌期权（请看图12.2和图12.3）。

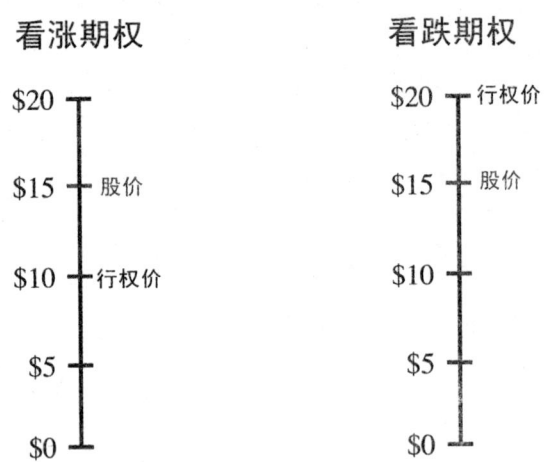

两只期权都是价内期权，股价和行权价的价差都是5美元。

图12.2 价内期权的价格

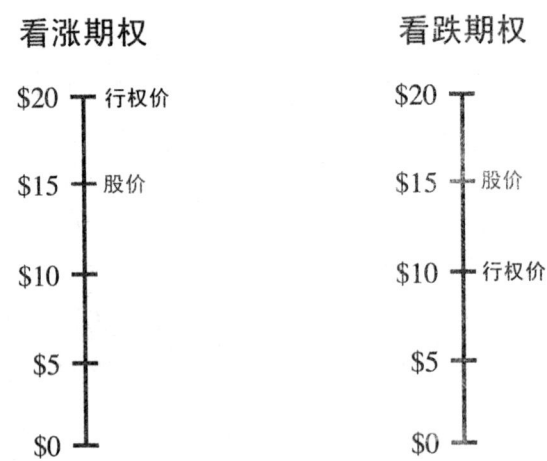

两只期权都是价外期权，股价和行权价的价差都是5美元。

图12.3 价外期权的价格

- 看涨期权让期权买家有权利，但不是义务，在到期前的任意时刻以特定的价格（行权价）买入对应的资产（每份期权合约等于100股股票）。
- 买入看涨期权后，当市场上涨时，就能赚钱。
- 做空或发行看涨期权后，当市场下跌或横盘时，就能赚钱。
- 看跌期权让期权买家有权利，但不是义务，在到期前的任意时刻以特定的价格（行权价）卖出对应的资产（每份期权等于100股股票）。
- 买入看跌期权后，当市场下跌时，就能赚钱。
- 做空或发行看跌期权后，当市场下跌或横盘时，就能赚钱。

期权有两种价值，它们合在一起就是你要支付的价格：

- 内在价值（IV）包含了很多因素，包括对应资产的价格；当期权越来越倾向于价内状态时，内在价值就增加；当期权是价外状态时，内在价值就变成了0。
- 时间价值（TV）随着期权离到期日越来越近而减少；到了到期日这天，时间价值就变成了0。

例子1

EBAY在10月份的看涨期权行权价是45美元（现在是7月，EBAY的价格是40美元）。

- 期权的价格是4.00（每份合约400美元）。
- 内在价值=0美元；时间价值=4美元。

例子 2

EBAY 在 10 月份的看涨期权的行权价是 35 美元（现在是 7 月，EBAY 的价格是 40 美元）。

- 期权的价格是 8.00（每份合约 800 美元）。
- 内在价值＝3 美元；时间价值＝5 美元。

请注意：对应的股票的波动性会影响时间价值：

- 减小的波动性＝减小的时间价值。
- 增大的波动性＝增大的时间价值。

斯托克博士的股票期权交易原则

在本节，我会讲解我在用"和趋势做朋友"的方法选择交易机会时是如何运用这些期权原则的。订阅我们业务通讯邮件的很多客户交易我们推荐的期权赚了不少钱。有些人有自己的交易方法，所以他们选择的期权和这里讲的标准不同。还有些人交易期权是因为相对于他们的账户来说，股票太贵了。无论如何，你在这里能学到在风险最低的情况下如何用趋势交易的方法交易期权。

如果你已经是一位成功的趋势交易者，那么你可以很轻松地成为成功的期权交易者。只要简单地遵守这里总结的原则就行了。记住，一定要遵守这些原则。如果你想长期成功地交易期权，你必须严格遵守这些原则，你没有别的选择。考虑到杠杆作用，你不能像交易股票那样交易期权。也许像交易股票那样交易期权在短期内有用，但长期下来会让你爆仓的。不要忽略本节的内容。你要认真地阅读这些原则，自己写下总结，并把它们贴在你的电脑旁边。

◇ 除非是做日内交易，永远不要买一个月内就要到期的期权。

- 这样你就避免了时间价值的衰落，也就避免了风险。

◇ 如果期权对应的股票的成交量小于每天100万股，就不要交易这只期权。

- 期权的流动性远远不如股票，如果我们只交易流动性最好的股票期权，那么我们可以增加成交的概率，并能有保障地出场。

◇ 避免价差大于10%的期权（也就是价格为2.00的期权价差不能大于0.2）。

- 价差就是买入报价和卖出报价的价差。为了实现交易，你要支付这个价差给交易所的做市商。

- 价差越大，就意味着对应股票的波动大才能让你保本；股票的波动越大，你的风险也越大。

- 首要原则是：如果价差大于0.10，我通常在价差之间下限价单；如果价差大于0.30，我通常会避免交易这只期权。没错，我这么做有时候会错过极好的机会，但这就是我的风格。我憎恨为任何东西支付多余的成本（不信就去问我老婆！）。

- 有些成交量很大的期权的价差只有0.05（比如QQQQ对应的期权）。最近有个好消息，说期权交易所可以以0.01的幅度增加价差。这对期权交易有帮助，因为他们可以更好地控制期权的价格，如此一来价差就小了。

◇ 如果做短线（2周内的交易），就要买下个月到期的期权

（请注意原则1）。

- 举例说明，假如说今天是7月6日，我认为EBAY在之后的1，2周会上涨，所以我想买入EBAY的看涨期权，但我不会买入7月份到期的期权，因为不到1个月期权就要到期了，我会买入8月份到期的期权。

◇ 如果要做长线（时间在2周以上），至少要买2个月后才会到期的期权。

- 假如说今天是7月6日，我认为EBAY在之后的3~4周会上涨，所以我想买入EBAY的看涨期权，我不会买入下个月到期的期权，因为4周的时间会碰上期权的时间价值衰落。我会买入在那以后到期的期权，也就是买入10月份的看涨期权。

◇ 尽量买入价内期权或价平期权。

- 比如，如果GE（通用电子）的价格是27.00，你应该买入行权价是27.50的期权（看涨或看跌）；如果GE的价格是26.00，你应该买入行权价是25.00的期权（看涨或看跌）。
- 请注意：通常（默认你的交易系统是赚钱的）……
- 交易价外期权的胜率很低，但是一旦成功了，收益很高（支付的成本很低，但是股票的大行情能够带来利润）。
- 交易价内期权的胜率很高，但是收益比较低（成本比较高，但是要等到股票有波动才能带来利润）。

◇ 如果你只交易期权，要保证在任意时刻的仓位不能超过50%（至少保留50%的现金），并至少用5个仓位来分散交易（每笔交易大概是你总账户的10%）。

- 期权是高风险的品种。如果你不按照这里讲的方法做分散投资，你会亏掉不少；如果你不知道在亏损时把它们及时平仓，你的整体收益会减少很多。这样的事总会发生的。即使是使用最好的交易系统，也是会亏损的。对于期权，这意味着如果你没有做好仓位管理，亏损是巨大的。
- 如果你同时交易股票和期权，我也是这么做的，我建议你用20%的资金做期权，80%的资金做股票。

◇ 和股票相比，兑现利润的时候动作要快（因为时间价值在衰落）。

- 因为德尔塔对你有利，亏损的时间会比较长（当期权是价外状态时，德尔塔会放慢）。
- 记住，如果你持有期权的时间过长，即使股票并没有不利的波动，很赚钱的交易也有可能让利润快速消失。在任意时刻都要尊重时间价值的衰落！

◇ 设置一个百分比止损价（推荐25%到40%），并在这个止损价附近设置声音预警（或者是给对应的股票设置声音预警）。考虑到期权的价差比较大，流动性越来越小，所以不要给期权下真实的止损单，不推荐对期权设置真实的止损单。

◇ 根据对应股票的不同德尔塔值设置一个限价卖出单。

- 比如，现在7月初，KLAC的价格是50美元，你认为这只股票会涨到55美元：
- 所以你以5.00的价格买入KLAC的9月份行权价为50美元的看涨期权。

- 当你这么做的时候，你可以设置一个限价单这个限价单的卖出价格是 7.50（5 美元的波动×0.50，50%的收益）当到达这个价格时限价单自动成交，限价单在没有成交以前是一直有效的。

◇ 任何一个期权的仓位亏损不能超过 40%——或总账户的 5%，哪个数字小就采用哪个数字。

- 这个原则只对单个仓位有效，不是针对复合仓位的，复合仓位就是指一次持有几个期权。对于复合仓位，单个仓位的亏损通常要限制在 40%左右。
- 如果每次把总账户亏损限制在 5%，那么你在破产前可以交易 20 笔。如果这 20 笔没有丰厚的利润，那么你可能会爆仓。

◇ 一旦你的期权仓位有了 50%的利润，当它向保本方向回吐时，你要平仓。

- 关于期权有一个古老的格言：失去的利润很少再回来。如果你的期权仓位最近有了丰厚的利润，突然它的价格向你的进场点走去，在不赚不亏甚至亏损前最好平仓。考虑到各种价格因素，期权可不像悲惨的科林斯王，期权很难再次爬到山顶。

◇ 如果是复合仓位（有对应资产的看涨期权、看涨期权价差组合和看跌期权价差组合），就要持有到到期日。

- 这个原则的唯一例外情况就是跨式组合，你会在第 13 章学习相关内容。

◇ 如果单个期权的仓位是赚钱的（看涨期权、看跌期权、没有对应资产的看涨期权和看跌期权），在到期日之前 2

周平仓。如果你想继续持有仓位，在价内状况下用最接近行权价的价格买入下个月的仓位，这叫滚动仓位。如果你用利润买入新的更大仓位的期权，那么你要金字塔式加仓。只要你的仓位很赚钱，以上两个思路都不错。这等于用期权打出了全垒打。

以上就是我交易期权时必须遵守的原则。记住，如果你想买入或发行期权合约，你必须对对应股票的未来波动方向有信心，就像你要买卖这只股票一样。为此你必须有一个优秀的交易系统。如果你想用中性的观点看待你的期权仓位，那么你要确信股票有比较大的行情，方向不是上涨就是下跌，同理，要做到这点，你必须有一个优秀的交易系统。

最后再说一点，这点是重要的：你只有先成为优秀的股票交易者才能成为优秀的期权交易者。如果你的股票交易结果不理想，我不建议你做期权。如果是交易股票，只要你经验丰富，即使你有很长的时间在亏损，你仍然有足够的资本翻本。然而，期权本身具有高杠杆作用，亏损的速度是很快的。

第 13 章 期权策略：上涨趋势

还是要重申一下，在你建立期权仓位之前，你要知道你对股票趋势的看法是什么，是看涨的、看跌的或中性的，以及你的看法有多么强烈。期权交易要求你评估自己的风险忍受度，这样你才能选择合适的期权组合，要么用大仓位，要么用小仓位。

明白了这个道理，你可以参考以下期权交易策略。你要根据以下条件选择最好的期权策略：

- 你认为对应的股票会向哪个方向波动，也就是你的方向偏见。
- 你对单笔交易的风险忍受度。

方向偏见就是指你认为股票在未来会向哪个方向波动。风险忍受度指你对交易有多大的信心：如果你很有信心，你也许会接受无限的风险（风险可能会无限上涨）。如果你的信心不大，你也许会接受有限的风险（风险可能会有限上涨）。一旦你决定了这两个因素，你就可以找到合适的期权交易策略。

- 所以你第一个要问自己的问题是："我对这只股票有什么看法？"
- 看涨：我认为价格会明显上涨。
- 看跌：我认为价格会明显下跌。

- 中性：我认为要么上涨，要么下跌，具体方向不知道。
- 波动：我认为会强势上涨或下跌。

看涨的策略

假如你认为你的股票会上涨，这样你就解决了方向偏见的问题。下一步你就要决定你的风险忍受度，更准确地说，你对股票上涨的信心有多大。

所以你要问自己："你认为这只股票会涨到哪里？"
- 非常看涨：需要采用高风险的策略。
- 一般看涨：需要比较保守的策略。

你要根据不同情况采用不同的策略。

非常看涨

策略1：买入看涨期权

策略原理：投资者认为股票在短期内会明显上涨。

策略应用：在价内状况下，离行权价最近的价格买入看涨期权。

上涨可能：利润上涨的可能是无限的，会随着股价的上涨而上涨。

到期时的不赚不亏点：行权价加上价差和佣金。

下跌风险：如果在到期时股价等于或低于行权价，那么风险就是所付的成本。

保证金：没有要求。

评论：如果市场波动不大，那么随着期权时间价值的衰落，仓位的价值会下跌。

策略 2：卖出没有对应股票的看跌期权

策略原理：投资者认为股票会上涨，在很长时间内都不会下跌。

策略应用：在价内或价平状况下卖出或发行看跌期权，但并不持有股票的空头仓位（所以说这是没有对应股票的看跌期权）。如果投资者非常看涨，那么就要在价内状况下卖出或发行看跌期权。

上涨可能：潜在的利润取决于期权的卖价。越是价内买入的，收到的钱就越多。

到期日的不赚不亏点：行权价小于价差。

下跌风险：亏损几乎是无限的（说"几乎"是因为对应的股票不可能跌到 0 以下）。虽然可以用止损来限制风险，但这是一个高风险的策略。如果晚上出了坏消息，股票会下跌，也会给期权带来灾难性的亏损。

保证金：需要保证金。

评论：如果股票波动不大，随着时间的推移，期权的时间价值会衰落，期权的仓位就能赚钱。

一般看涨

策略 1：看涨前提下的看涨期权或看跌期权价差组合

策略原理：投资者认为股价会适当上涨，不会下跌，但为了以防万一，需要限制下跌的风险。

策略应用：在价内状态下，离行权价最近的价位买入看涨期权，再在价外状态下离行权价最近的价位卖出或发行另一种看涨期权，如此一来账户要记入借方。

第13章 期权策略：上涨趋势

或

在价内状态下，在离行权价最近的价位买入看跌期权，再在价外的状态下，在离行权价最近的价位卖出或发行看跌期权，如此一来账户要记入贷方。

上涨可能（以看涨前提下看涨期权价差组合为例）：取决于两个行权价之间的价差（通常每份合约是500美元）小于一开始的借方金额；如果股票到期时价格在比较高的行权价之上，那么利润是最大的。

或

（以看涨前提下的看跌期权价差组合为例）：取决于一开始的贷方金额；如果股票到期时价格在比较高的行权价之上，那么利润是最大的。

下跌风险（以看涨前提下看涨期权价差组合为例）：取决于一开始的借方金额；如果股票到期时价格在比较低的行权价之下，那么亏损是最大的。

或

（以看涨前提下看跌期权价差组合为例）：取决于两个行权价的价差小于一开始的贷方金额；如果股票到期时价格在比较低的行权价之下，那么亏损是最大的。

保证金：在卖出或发行看涨期权时需要保证金。

评论：因为可以对冲仓位，所以在本策略中时间价值的衰落不是关键因素。

策略2：有对应股票的看涨期权

策略原理：投资者认为股票会适度上涨，但是又担心价格会下跌，因此想控制好下跌的风险。

策略应用：投资者买入股票（因此有对应股票的看涨期权和无对应股票的看涨期权正好是相对的，后者不持有股票）并在价外的状态下，在离行权价最近的价位卖出或发行对应的看涨期权（1份合约对应100股）。

上涨可能：取决于购买股票的价格和行权价之间的价差加上卖出看涨期权的贷方金额。

下跌风险：对应的股票的下跌小于卖出看涨期权的贷方金额。

保证金：在卖出或发行看涨期权或看跌期权时需要保证金。

评论：在交易时，时间价值的衰落对你有利。

第 14 章
期权策略：看跌趋势

现在，假如你看跌股票。再次说明，此时你对你的方向偏向很满意。下一步要做的事就是决定你的风险忍受度，更准确地说，你认为你的股票会下跌的程度。

所以你现在要问自己："我看跌的程度有多么强烈？"

- 非常看跌：需要高风险的策略。
- 一般看跌：需要比较保守的策略。

现在要根据不同的情况采用不同的策略。

非常看跌

策略1：买入看跌期权

策略原理：投资者认为股票会在短期内明显下跌。

策略应用：在价内状态下，在离行权价最近的价位买入看跌期权。

上涨可能：当股票价格下跌时，利润有可能是无限的。

到期日的不赚不亏点：行权价加上价差。

下跌风险：取决于所支付的成本——如果到期时市价等于或大于行权价，就有风险。

保证金：没有要求。

评论：如果股票变动小，当期权的时间价值衰落时仓位的价值减小。

策略2：卖出没有对应股票的看涨期权

策略原理：投资者看跌股票，非常确信股票在长时间内不会增值。

策略应用：在不持有股票多头仓位的前提下（因此叫没有对应的股票的看涨期权），在价内或价平状况下离行权价最近的价位卖出或发行看涨期权。如果一个投资者非常看跌这只股票，那么可以在价内比较严重的状况下卖出或发行看涨期权。

上涨可能：潜在的利润取决于收到的期权金。期权越是在价内状态买入，收到的期权金越多。

到期日的不赚不亏点：行权价小于价差。

下跌风险：亏损是无限的（因为在理论上股价是可以无限上涨的）。虽然可以用止损来控制风险，但这是高风险的策略。如果因为晚上的突发新闻导致股价跳空上涨，那么亏损就是灾难性的。

保证金：总是需要保证金。

评论：如果股票波动不大，随着时间的流逝，时间价值也在衰落，仓位就可能赚钱。

一般看空

策略1：看跌前提下的看涨期权价差组合或看跌期权价差组合

策略原理：投资者认为股价会上涨，不会下跌；但为了以防万一，要控制下跌风险。

策略应用：在价内状态下，离行权价最近的价位卖出或发行看涨期权；再在价外状态下，离行权价最近的价位买入另外一种看涨期权；这样就要把账户记入贷方。

或

在价内状态下，在离行权价最近的价位卖出或发行看跌期权；在价外状态下，离行权价最近的价位买入另一种看跌期权，这样就要把账户记入借方。

上涨可能（以看跌前提下看涨期权价差组合为例）：取决于一开始的贷方净值；如果股票到期时在比较低的行权价之下，那么利润是最大的。

或

（以看跌前提下看跌期权价差组合为例）：取决于两个行权价（通常是每份合约 500 美元）的差再减去一开始的借方净值；如果股票到期时在比较高的行权价之上，那么利润是最大的。

下跌风险（以看跌前提下看涨期权价差组合为例）：取决于两个行权价的差再减去一开始的贷方净值；如果到期时股价在比较高的行权价之上，那么亏损是最大的。

或

（以看跌前提下看跌期权价差组合为例）：取决于一开始的借方净值；如果到期时股价在比较高的行权价之上，那么亏损是最大的。

保证金：卖出或发行看涨或看跌期权时需要保证金。

评论：因为仓位是对冲的，所以在这个策略中时间价值的衰落不是很明显的因素。

第15章 期权策略：中性

公布盈利报告时期的交易方法

在本节，我将告诉你一个我很喜欢的期权策略，这个策略只能用在每年的特定时期：4个公布盈利报告时期。由于每个公司在每年都有可能改变公布盈利报告的日期，因此公布盈利报告的日期每年稍微有所变化。大部分情况下，它们是根据季节变化来公布的。通常，只要新的季节来临了——冬天、春天、夏天、秋天——我们都可以期待在未来4~5周会有新的盈利报告公布出来。

盈利报告公布出来的时候有一个明显的现象：市场的波动很厉害。我在本章将要讲到的期权策略——叫跨式组合，是所有期权交易策略中最机械的方法之一——将会告诉你如何利用波动性赚钱。

利用跨式组合最简单的方式就是——建仓跨式组合、平仓跨式组合——我们可以在2到5天内获得10%到20%的收益。只要你认真遵守我提出的原则，你就有希望用这个策略获得60%的胜率。因为这个策略会用到复合仓位（也就是同时持有多头仓位和空头仓位），所以出现的亏损一般都不大。跨式组合还有更复杂的形式——建仓复杂跨式组合、平仓复杂跨式组合——5 到 8 个交易日的收益可以高达 50% 或更多（迟点再解释建仓和平仓复杂跨式组合）。本书将传授这两种方法——简单跨式组合和复杂跨式组合。我会先讲解交易策略，然后我在本章结尾的时候再更准确地总结一下。

找到合适的股票

在公布盈利报告的时候，我们要寻找符合满足以下条件的股票，过去公布季度盈利报告的时候这只股票的股价波动厉害，现在这只股票的流动性好，波动性高。在公布盈利报告之后股票是上涨的或下跌的并不重要，重要的是它要有大行情。在公布盈利报告的前 3 天，我们就可以开始建仓跨式组合（简单的方法）或复杂跨式组合（复杂的方法）。然后我们持有仓位，直到公布盈利数据以后（一共是 7 天）5 天再平仓，通常会有不错的利润。

首先让我们看看如何一步一步地完成寻找股票的过程。成功的跨式组合交易要求股票满足以下 6 个标准：

- 从现在开始，3 个交易日后将公布这只股票的盈利报告。
- 盈利报告将会在收盘后公布，时间是周一到周四（一般公司不会在周五公布盈利报告的）。
- 这只股票波动性大，或贝塔值高。
- 这只股票的流动性好（每天的成交量很大）。
- 这只股票的价格在 40 美元以上（越高越好）。
- 过去公布盈利报告后，它曾经有过 1 美元以上，向上或向下的跳空缺口出现。

第一步是找到即将公布盈利报告的股票。这个很容易,上雅虎搜索就行了!雅虎财经上面有盈利日历,http://biz.yahoo.com/r/是这个日历的链接。在"公司盈利"下面能找到公布盈利报告的日期链接。点击那个链接,你就能看到很多列表,每天都会列出下周公布盈利报告的公司。你也可以看看一周后哪些公司会公布盈利报告。当你这么做的时候,你会看到像表15.1这样的表格。

表 15.1 雅虎上面的公布盈利报告的公司日程表

Brown & Brown	BRO	0.45	市场收盘后	增加	
Cintas Corporation	CTAS	0.41	市场收盘后	增加	听证
Electronics for Imaging	EFII	0.24	没有提供时间	增加	
GenCorp Inc.	GY	N/A	市场开盘前	增加	听证
Helen of Troy Ltd	HELE	0.45	市场开盘前	增加	听证
Horizon Health Corporation	HORC	0.47	市场收盘后	增加	听证
M&T Bank Corporation	MTB	1.45	市场开盘前	增加	
M. D. C Holdings	MDC	1.93	市场收盘后	增加	
Micrologix Biotech	MBI. TO	N/A	没有提供时间	增加	
Novellus Systems, Inc.	NVLS	0.26	没有提供时间	增加	
Orckit Communications	ORCT	N/A	没有提供时间	增加	
Pace Micro Technology plc	PIC. L	N/A	市场开盘前	增加	
Stanley Furniture	STLY	0.68	市场收盘后	增加	
Summit Bankshares	SBIT	0.42	市场收盘后	增加	
SunTrust	STI	1.26	市场开盘前	增加	
Universal Forest Products, Inc.	UFPI	1.04	市场收盘后	增加	听证

因为Alcoa公司的字母顺序排在最前面,所以Alcoa公司是

第一个公布盈利报告的公司(这是华尔街有趣的仪式之一),所以一旦Alcoa公司公布了盈利报告,此时就要研究像表15.1中所有公司的盈利报告。在每个季度刚开始的时候,每天都有10到20家公司公布自己的盈利报告。但是这个速度会加快,最多的时候每天会有100家公司公布自己的盈利报告。当报告期过去后,你会发现有时候根本没有任何一家公司在公布自己的盈利报告。

我们希望股票会在3个交易日后公布自己的盈利报告。假如今天是7月19日,那么我就要寻找在7月22日收盘后会公布盈利报告的股票。我们之所以选择在收盘后公布盈利报告的股票是因为晚上出来的消息会被很多人知道,如此一来股票的行情是最大的,而且晚上的交易者和白天的交易者有机会去换股。

以下是2006年7月22日真实的要公布盈利报告的公司列表,这个表格并不完整(只是以A、B、C字母开头的公司),但我们从这个表格可以看出有很多公司都要公布盈利报告(表15.2)。

表15.2 公布盈利报告的公司日程:季度中旬

@ Road	ARDI	0.06	市场收盘后	增加	
Abitibi-Consolidated	ABY	N/A	没有提供时间	增加	
Adolph Coors, Co.	RKY	1.99	市场开盘前	增加	
Advanced Power Technology, Inc.	APTI	0.10	东部时间下午4:15	增加	听证
Advent Software	ADVS	0.02	市场收盘后	增加	听证
Alaska Airlines	ALK	-0.06	市场开盘前	增加	听证
Albemarle Corporation	ALB	0.42	没有提供时间	增加	听证
Alberto-Culver Co.	ACV	0.54	没有提供时间	增加	听证
Align Technology	ALCN	0.06	市场开盘前	增加	听证

Alliance Resource Partners LP	ARLP	0.93	没有提供时间	增加	
Alltel Corp.	AT	0.81	没有提供时间	增加	
Amazon.com, Inc.	AMZN	0.19	市场收盘后	增加	听证
Ambassadors International, Inc.	AMIE	0.04	市场开盘前	增加	听证
American Axle & Manufacturing Holdings	AXL	1.03	没有提供时间	增加	
American International Group	AIG	1.12	市场开盘前	增加	
American Pharmaceutical Partners, Inc.	APPX	0.16	没有提供时间	增加	
AmeriSourceBergen	ABC	0.98	市场开盘前	增加	听证
Amgen	AMCN	0.59	没有提供时间	增加	听证
Aptimus	APTM.OB	N/A	没有提供时间	增加	
Arbitron Inc.	ARB	0.27	市场开盘前	增加	听证
Art Technology Group	ARTC	N/A	市场收盘后	增加	听证
Artesyn Technologies, Inc	ATSN	0.06	市场开盘前	增加	
Astoria Financial Corporation	AF	0.79	市场开盘前	增加	听证
Astral Media Inc	ACMa.TO	N/A	没有提供时间	增加	
AstraZeneca PLC	AZN	0.48	没有提供时间	增加	
Astronics	ATRO	N/A	市场开盘前	增加	
AT&T	T	0.08	市场开盘前	增加	听证
Atherogenics, Inc.	ACIX	-0.45	市场开盘前	增加	
Autobytel.com	ABTL	0.03	市场收盘后	增加	
Autoliv	ALV	0.88	东部时间上午6:00	增加	
Avici Systems, Inc.	AVCI	-0.63	没有提供时间	增加	听证
Avocent Corporation	AVCT	0.30	没有提供时间	增加	听证
Axfood AB	AXFO.ST	N/A	没有提供时间	增加	
Becton, Dickinson and Company	BDX	0.64	市场开盘前	增加	听证
Bemis Company, Inc.	BMS	0.42	市场开盘前	增加	听证
Benchmark Electronics	BHE	0.37	市场开盘前	增加	
Bennett Environmental	BEL	0.04	没有提供时间	增加	听证
Berkshire Hills Bancorp	BHL	0.44	市场收盘后	增加	

第15章 期权策略：中性

Black & Decker Corporation	BDK	1.26	市场开盘前	增加	
Borland Software Corporation	BORL	0.06	市场收盘后	增加	
Boston Private Financial Holdings	BPFH	0.29	没有提供时间	增加	
Brandywine Realty Trust	BDN	0.63	没有提供时间	增加	听证
Bright Horizons Family Solutions	BFAM	0.47	市场收盘后	增加	听证
Broadcom	BRCM	0.32	市场收盘后	增加	听证
Caesars Entertainment	CZR	0.17	市场开盘前	增加	听证
California Pizza Kitchen	CPKI	0.25	市场收盘后	增加	
Callaway Golf	ELY	0.22	市场收盘后	增加	
Cambrex	CBM	0.26	市场收盘后	增加	
Capita Group	CPI.L	N/A	没有提供时间	增加	
Capital City Bank Group	CCBG	0.48	市场开盘前	增加	
Capstead Mortgage Corporation	CMO	N/A	市场收盘后	增加	
Captiva Software Corp.	CPTV	0.09	市场收盘后	增加	
Cash America International	PWN	0.24	市场收盘后	增加	
Catapult Communications	CATT	0.17	市场收盘后	增加	听证
Caterpillar Inc.	CAT	1.71	市场开盘前	增加	听证
CDI Corp.	CDI	0.30	市场开盘前	增加	
Celestica	CLS	0.09	市场收盘后	增加	
CenterPoint Energy	CNP	0.19	市场开盘前	增加	听证
Ceragon Networks Ltd	CRNT	0.01	市场开盘前	增加	
Certegy	CEY	0.38	市场开盘前	增加	
Chartered Semiconductor Manufacturing	CHRT	0.05	没有提供时间	增加	
Chicago Mercantile Hldgs Inc	CME	1.66	市场开盘前	增加	听证
Chittenden	CHZ	0.51	市场开盘前	增加	听证
Chordiant Software	CHRD	0.02	没有提供时间	增加	
Cincinnati Financial Corporation	CINF	0.59	市场开盘前	增加	
Circor International	CIR	0.27	没有提供时间	增加	
CIT Group	CIT	0.80	市场开盘前	增加	
CNS, Inc.	CNXS	0.11	没有提供时间	增加	听证
CoBiz Inc.	COBZ	0.16	市场收盘后	增加	

Cohu	COHU	0.19	市场收盘后	增加	
CollaGenex Pharmaceuticals, Inc	CGPI	0.24	市场开盘前	增加	
Commercial Federal Corp.	CFB	0.47	市场开盘前	增加	听证
Community Bancorp Inc.	CMBC	0.42	没有提供时间	增加	
Community Bank System	CBU	0.39	市场收盘后	增加	听证
Compania de Minas Buenaventura	BVN	0.38	没有提供时间	增加	
Computer Access Technology Corporation	CATZ	0.02	东部时间上午 8:30	增加	听证
Computer Associates International	C4	0.18	没有提供时间	增加	
Computer Programs and Systems, Inc.	CPSI	0.14	市场收盘后	增加	听证
Compuware Corporation	CPWR	0.03	市场收盘后	增加	听证
CONMED	CNMD	0.41	市场开盘前	增加	
Consolidated Edison, Inc.	ED	0.26	没有提供时间	增加	
Cooper Industries Ltd.	CBE	0.86	市场开盘前	增加	
Cooper Tire & Rubber	CTB	0.39	没有提供时间	增加	听证
Corus Entertainment Inc.	QRb.TO	N/A	东部时间下午 5:00	增加	
CorVel	CRVL	0.32	没有提供时间	增加	
Countrywide Financial Corporation	CFC	2.26	东部时间上午 8:00	增加	听证
Crane	CR	0.51	市场收盘后	增加	
Curon Medical, Inc.	CURN	-0.15	没有提供时间	增加	
Cytec Industries Inc.	CYT	0.72	市场收盘后	增加	听证

这个列表很长（我们只列出了以 A、B、C 开头的公司），但我们可以把数量降到可以管理的水平。首先，我们去除所有在"市场开盘前"公布盈利报告的股票，我们对这样的股票不感兴趣。我们还可以删除"没有提供时间"的股票，这些股票对应的

公司都是小公司，我们没有必要去交易。所以第一轮删除之后，还剩下以下股票代码：

ARDI	BHL	CPKI	PWNCBU
ADVS	BORL	ELY	CATT	CPSI
AMZN	BFAM	CBMCLS	CPWR
ARTG	BDNCMOCOBZ	CR	
ABTL	BRCM	CPTV	COHU	CYT

在这些股票中间，我们再去挑选每天成交量至少是100万股且波动性合理的股票（它们比纳斯达克或标准普尔的波动要疯狂，要快）。如果你像我一样是活跃的交易者，你可以跟我学，从观察列表中选出高成交量和高波动性的股票，你可以用肉眼从上述股票中选出高贝塔值的股票。如果你不熟悉大部分高波动性股票（也就是最适合做趋势交易的股票）的代码，那么我们会给你一个简单的检查方法。

要想计算每天的平均成交量和平均波动性，在以下的链接后面输入股票代码（放在"="号后面），并把整个链接粘贴到浏览器中。然后更换股票代码就可以看到另一只股票的平均成交量和平均波动性。

http：//finance.yahoo.com/q/ks? s =

这是雅虎上面关键的统计页面！finance 会告诉你每天的平均成交量和平均波动性，这个波动性是相对于标准普尔500而言的。因此，我们可以下面的方法再删除掉更多的股票：

- 删除每天成交量小于 100 万股的所有股票。
- 删除贝塔值小于 2.0 的所有股票。
- 删除价格小于 40.00 的所有股票。

按照这个方法删除，以 A、B、C 开头的股票只剩下两个了：AMZN 和 BRCM，这并不奇怪。对于所有的活跃交易者来说——至少在我写作的时候——这两个代码都是我们非常熟悉的代码，它们一直是很好的投资对象。

对于这两只股票，我们下一步要做的就是观察图表并问这样的问题：在过去的两个季度里，当 AMZN 和 BRCM 在发布赢利报告时发生了什么？是超卖，还是超买，还是介于两者之间？

AMZN 在 4 月 22 日收盘后发布了最新的赢利报告。交易者为了等待这次公布在短期内把价格推到了新高，他们是对的：消息太好了，AMZN 的盈利比预期中的 21%还要好！然而，公布消息之后，市场强势卖出（这又是一个华尔街的奇特仪式！），市场向下跳空。对于交易者来说，这是一个买入信号，他们把股票推高到阻力区（请看图 15.1）。

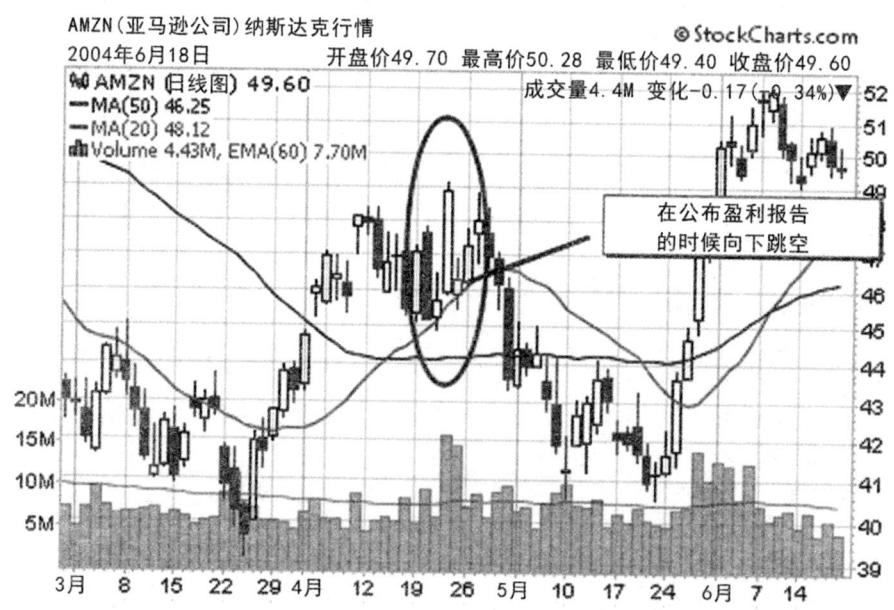

图 15.1　AMZN 显示了在公布盈利报告时的波动性

这样的波动性可以让跨式组合轻松地赚钱。我们之所以检查前面两个季度公布盈利报告的表现就是为了找到同样的波动性。

AMZN 在 2 个季度前出现了大行情，股票被超买了，价格到了 52 周新高。公布盈利报告后，股票向下跳空暴跌，然后螺旋下跌了几周时间。图 15.2 显示当时的情况。

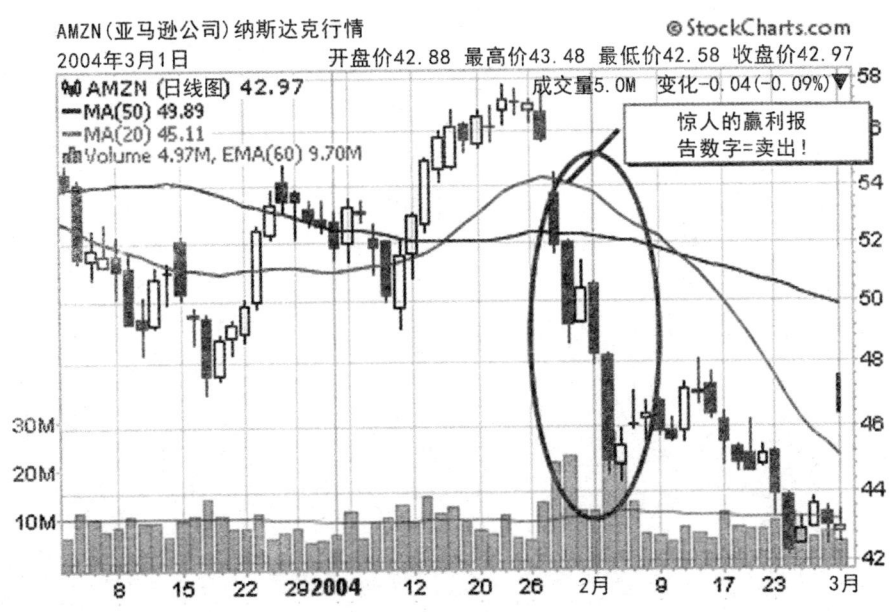

图 15.2　AMZN 显示在公布盈利报告时的波动性

这又是一个用跨式组合策略轻松赚钱的例子。很明显，我们可以用跨式组合交易 AMZN。它满足我们所有的标准：这只股票有对应的期权，流动性高，贝塔值很高（波动厉害），在公布盈利报告的时候表现得很疯狂。

现在，再让我们再快速看看 BRCM。就像 AMZN 一样，

BRCM 在 2004 年 4 月 22 日公布了盈利报告。交易者在期待中从低位买入这只股票并把价格强势推高（这非常适合我们的复杂跨式组合策略——请看后面的解释）。在公布盈利报告这天，BRCM 向上跳空高开，然后遇到了阻力。在随后几天，它又暴跌了（请看图 15.3）。

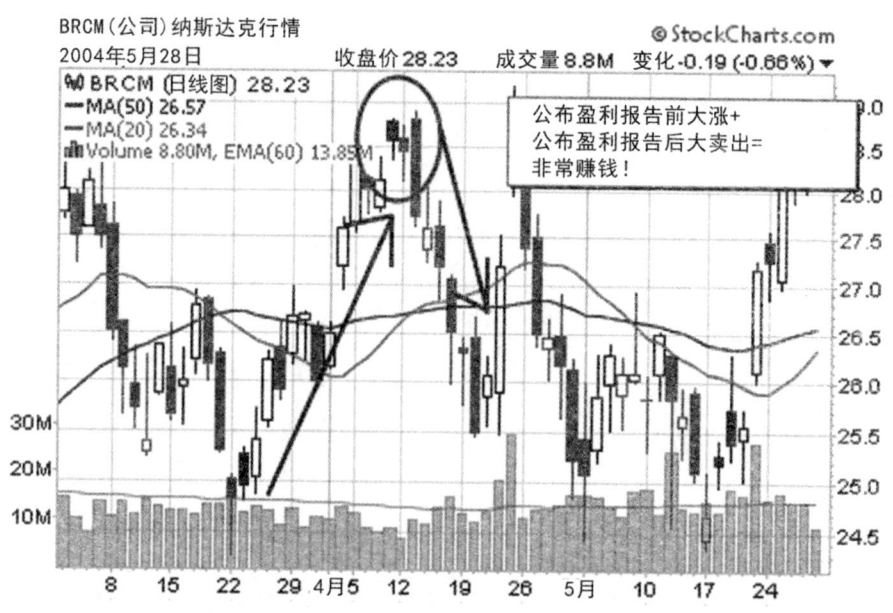

图 15.3　BRCM 显示了在公布盈利报告时的波动性

前一个季度，BRCM 的表现非常相似。在公布盈利报告前上涨，在公布盈利报告的第二天向上剧烈跳空，随后几天都在卖出（请看图 15.4）。

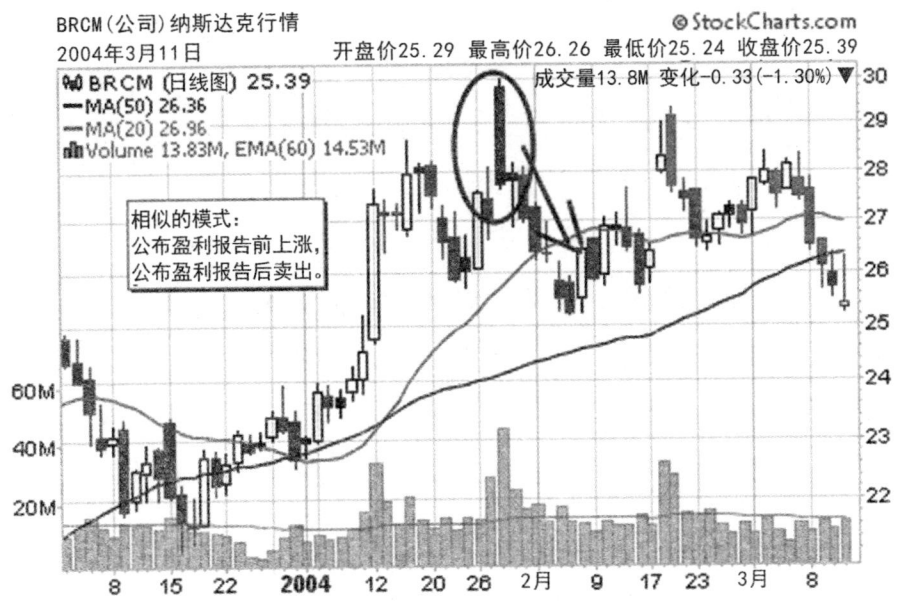

图 15.4 BRCM 显示了在公布盈利报告时的波动性

现在我们决定用跨式组合的策略交易 AMZN 和 BRCM。它们都满足我们的进场条件，在 7 月 19 日这周开始交易，它们都会获得巨大的收益。跨式组合指建立一对期权仓位。

我们还要进一步知道：在公布盈利报告的前 3 天，股票是超买的，还是超卖的，如何判断？如果我们在当天知道股票是明显的超买或超卖，那么就可以直接使用跨式组合了。如果我们得不出明显的结论，那么我们就要在公布盈利报告那天收盘时再进行跨式组合。AMZN 和 BRCM 都在 7 月 22 日收盘后公布了盈利报告，这意味着我们要在 7 月 19 日这天通过图表来决定它们的超买或超卖状况。

我们用以下技术指标来判断股票是超买的，还是超卖的：

- RSI（参数是 5）的数值。

- 小于30（超卖）或大于10（超买）。
- 随机指标%K（参数是5）数值。
- 小于25（超卖）或大于75（超买）。
- CCI（参数是20）数值。
- 小于-100（超卖）或大于100（超买）。

在这3个指标中，必须至少有2个指标给出了超卖或超买数值我们才能进行交易。7月10日这天BRCM的数值分别是24.6、6.24和-140.5；AMZN的数值分别是18.3、23.17和-108.4。很明显，这两只股票都是超卖的。如果这些数值在7月19日（公布盈利报告的3天前）以前都是超卖的，我们就可以建仓复杂跨式组合。再次说明，如果不满足以上条件，我们就不要进行交易。我们等到公布盈利报告时再进行交易。

定义：建仓复杂跨式组合就是在不同的交易日买入看涨期权和看跌期权；平仓复杂跨式组合就是在不同的交易日分别平仓看涨期权和看跌期权。另外一种方法就叫建仓简单跨式组合，通常是在同一时间建仓看涨期权和看跌期权的。

复杂跨式组合有可能实现利润最大化，所以它的进场方法比较好。但是这个方法比较复杂，需要掌握好市场时机。简单跨式组合就是在公布盈利报告这天进行跨式组合，既可以在上午进行，也可以在下午进行，这不重要；不管是哪种情况，我们都要用复杂的方式退出跨式组合。迟点会具体解释如何做到这点。

记住，跨式组合是一个中性的市场策略，这意味着我们并不知道自己在建仓后市场会往哪个方向走。我们只是相信在公布盈利报告后股票会有大行情,它是上涨,还是下跌,对我们来说区别不大。只要行情够大,我们就能赚钱。

跨式组合就像前面讲的看涨和看跌期权价差组合,是复合交易,这意味着你交易的期权不止一种。实际上我们会买入看涨期权和看跌期权。你可以在不同的时间买入,复杂跨式组合就是这个意思。我们就是这样定义跨式组合的。

中性市场

策略:跨式组合

策略原理:投资者认为市场在短期内会剧烈波动,但不知道股票会往哪个方向波动。

策略应用:在价平状态下,用同样的行权价同时买入看涨期权和看跌期权;如果股价介于2个行权价之间,那么用最接近行权价的价格买入看涨期权和看跌期权。

上涨可能:无限的。

到期日的不赚不亏点:这笔交易永远不会持有到到期日;这笔交易总是在不赚不亏附近,价差和时间价值衰落小。

下跌风险:取决于所支付的2个期权的本金。

保证金:没有要求。

评论:随着期权时间价值的衰落,仓位的价值减少。

建仓跨式组合

现在开始交易。要交易的期权有两个:我们要么在不同的交易日买入两个仓位，也就是建仓复杂跨式组合；要么同时买入两个仓位。

在公布盈利报告前3天股票是明显的超卖或超买，我们就可以进行交易。以下是建仓复杂跨式组合的原则：

在公布盈利报告前3天检查图表。

- 如果是超卖的，在收盘价买入看涨期权，在公布盈利报告当天收盘时买入看跌期权。
- 如果是超买的，在收盘价买入看跌期权，在公布盈利报告当天收盘时买入看涨期权。

这就是建仓复杂跨式组合的方法。当然了，关于"在收盘时买入的思路"，你可以稍作修改。如果你想买入看涨期权，且市场在上午很强，你可能会选择早点买入。但是最简单的进场方法是在东部时间下午4点市场收盘前几分钟买入。记住，在收盘后期权是没有电子盘的（至少目前如此，也许未来它们会有电子盘）。

复杂跨式组合策略的目的是在大行情发动前把潜在的利润最大化。这个策略的理论是，在公布盈利报告前几天投资者会提前把价格推到超卖或超买的状态。这样当盈利报告公布以后，市场可能会向相反的方向波动。

另外一种进场的方法就没有这么复杂了，如果进场的条件不满足复杂跨式组合策略，我们只要简单地买入看涨期权和看跌期权，有时会在公布盈利报告当天的收盘前这么做。

要注意一点，这点很重要：无论是看涨期权还是看跌期权，我们都希望尽量在离行权价最近的价位买入。关于到期月的选择，和前面讲的一样。

平仓跨式组合

我们选择了做跨式组合的股票，我们买入了看涨期权和看跌期权，现在我们必须知道要持有多久。以下是我们的方法。

当公布盈利报告以后，投机者会在收盘后设置很多订单，我们就可以期待股票有大行情出现。到了第二天东部时间上午9：30，市场开盘了，我们会发现市场的开盘价与前一天的收盘价之间有明显的跳空缺口。如果缺口是向上的，那么看涨期权就会增值并让我们赚钱；如果缺口是向下的，那么看跌期权就会增值并让我们赚钱。反之同理，如果缺口向上，我们的看跌期权就亏钱了；如果缺口向下，我们的看涨期权就亏钱了。但是期权有一点非常好，正是这一点让跨式组合的风险比较低：因为德尔塔因素，亏损比赢利要小。

之前说过，德尔塔，也就是说期权越是价内状态，它的成本变化率越大；期权越是价外状态，它的成本变化率越小。换句话说，向上的跳空缺口让看涨期权增值的幅度大于让看跌期权贬值的幅度——向下的跳空缺口同理。简而言之，这意味着只要股票有大行情，因为德尔塔因素，我们总是能赚钱的，通常利润很大，完全可以弥补佣金和价差亏损，并能带来2位数的收益。

跳空开盘以后，通常市场就想"对冲这个消息"，于是投资者开始回补这个缺口。事情总是这样，所以我们总是要期待市场会沿着缺口的方向走。然而很多时候缺口被补上以后市场向相反的方向走去（对于这种波动，我们称之为制造缺口和放弃缺口）。有了这些思想准备，我们就能总结出平仓跨式组合的原则。

我们这样进行平仓跨式组合。

如果市场是超卖的（我们建仓了复杂跨式组合）且在公布盈利报告后，市场的开盘价向上的缺口大于 1 美元：

- 我们会在开盘价卖出看跌期权并持有看涨期权。
- 只要 K 线是红色的（收盘价大于开盘价），就每天持有看涨期权，一直持有到公布盈利报告后的第 5 个交易日。
- 如果在公布盈利报告后的第 5 个交易日还持有看涨期权，那么可以在收盘时卖出。

如果市场是超卖的（我们建仓了复杂跨式组合），公布盈利报告后的开盘价向下跳空大于 1 美元：

- 我们会在开盘价卖出看涨期权并持有看跌期权。
- 只要 K 线是绿色的（收盘价小于开盘价），就每天持有看跌期权，一直持有到公布盈利报告后的第 5 个交易日。
- 如果在公布盈利报告后的第 5 个交易日还持有看跌期权，那么可以在收盘时卖出。

如果市场是超买的（我们建仓了复杂跨式组合），公布盈利报告后的开盘价向下跳空大于 1 美元：

- 我们会在开盘价卖出看涨期权并持有看跌期权。
- 只要 K 线是绿色的（收盘价小于开盘价），我们就每天持有看跌期权，一直持有到公布盈利报告后的第 5 个交易日。
- 如果在公布盈利报告后的第 5 个交易日还持有看跌期权，那么可以在收盘时卖出。

如果市场是超买的（我们建仓了复杂跨式组合），且在公布盈利报告后市场的开盘价向上的缺口大于 1 美元：

- 我们会在开盘价卖出看跌期权并持有看涨期权。
- 只要 K 线是红色的（收盘价大于开盘价），我们就每天持有看涨期权，一直持有到公布盈利报告后的第 5 个交易日。
- 如果在公布盈利报告后的第 5 个交易日还持有看涨期权，那么可以在收盘时卖出。

如果市场既不是超卖的，也不是超买的（我们没有建仓复杂的跨式组合），且在公布盈利报告后市场的开盘价向上或向下的缺口大于 1 美元：

- 我们会在开盘时卖出赚钱的仓位（向上跳空缺口时卖出看涨期权；向下跳空缺口时卖出看跌期权）并持有亏损的仓位。
- 如果 K 线是红色的，就持有看涨期权；如果 K 线是绿色的，就持有看跌期权。一直持有到公布盈利报告后的第 5 个交易日。
- 如果在公布盈利报告后的第 5 个交易日还持有看涨期权或看跌期权，那么可以在收盘时卖出。

如果市场开盘时的缺口不到 1 美元，那么就要自己做判断。如果缺口在 0.50 美元到 1.00 美元之间，就简单地遵守上面所讲的原则。跳空缺口越大，利润就越大。这就是为什么要选择高价股，要选择波动厉害的股票的原因，这样的股票过去在公布盈利报告时都是有跳空缺口的。

但是如果股票满足所有的条件，只是在开盘时缺口小于 0.50

美元，那么可以采用以下原则：

- 如果市场是超卖的：卖出看跌期权并持有看涨期权，正如前面所讲的内容。
- 如果市场是超买的：卖出看涨期权并持有看跌期权，正如前面所讲的内容。
- 如果市场既不是超卖的，也不是超买的：卖出亏钱的仓位并持有赚钱的仓位，正如前面所讲的内容。

复杂跨式组合的具体情况（最终要平仓的）会决定我们的收益情况。完美的跨式组合就是在公布盈利报告前3天能够产生丰厚的利润。我们可以在出现缺口的第二天兑现利润，虽然比最大利润少了一点，但是我们仍然可以赚到10%。我们在公布盈利报告当天买入的仓位，会在第二天出现缺口时产生收益（假如说收盘时上涨了25%），这个收益会持续涨5天。到了第5天收盘时，我们的本金会翻倍。如此一来我们在8个交易日内的总收益是55%（110%除以2）。但是并非所有的跨式组合都有这么好的收益，如果你认真遵守这些原则，是可以打造一个非常赚钱的系统的。亏损通常是时间价值衰落、价差亏损和佣金引起的，亏损一般都很小。

这些收益听起来很理想，但请记住，跨式组合只在公布盈利报告的高峰期才会有用，所以说每年只有12到16周的时间可以使用这个方法。另外，市场有自身的周期性，即使波动最厉害的股票，在公布盈利报告时，市场也有可能非常平静。如果市场不适合做跨式组合，或者是市场波动性不够，那么我们就要使用前面2章所说的期权策略。

跨式组合策略：11点的回顾

在所有策略中间，跨式组合是最好的交易策略。不过要实战一段时间后才能很好地运用这个策略，所以我的建议是，一开始用很少的资金做（你可以一开始只做1份看涨期权合约和1份看跌期权合约，先找到感觉再说）。但是在经历一两次公布盈利报告相关的交易之后，你应该可以很从容地交易跨式组合了。

以下内容是对本章提到的系统方法的总结：

- 提前3天找到要公布盈利报告的股票。
- 删除所有的不会公布盈利报告的股票。
- 删除所有日成交量小于100万股的股票。
- 删除所有贝塔值小于2.0的股票。
- 删除所有价格低于40.00的股票。
- 查看图表，看看在前两次公布盈利报告时股票是否有超过1美元的跳空缺口。删除没有跳空缺口的股票。
- 用以下指标决定股票是超卖了或超买了。
  - RSI（参数是5）数值：小于30（超卖）或大于70（超买）。
  - 随机指标%K（参数是5）数值：小于25（超卖）或大于75（超买）。
  - CCI（参数是20）数值：小于-100（超卖）或大于100（超买）。
- 至少要有2个指标确认市场是超卖的或超买的。如果满足条件，我们进行交易：

> 如果是超卖的，在公布盈利报告前3天买入看涨期权。

> 如果是超买的，在公布盈利报告前3天买入看跌期权。

> 然后在公布盈利报告当天收盘前买入相应的看跌期权或看涨期权。

- 如果市场既不是超卖的，也不是超买的，我们就在公布盈利报告的当天同时买入看涨期权和看跌期权。

- 对于看涨期权和看跌期权，我们都要在离同样的行权价最近的价位买入。所有期权的到期月都要按照第12章的要求去选择。

- 在公布盈利报告时我们要同时持有看涨期权和看跌期权，然后利用前面一节所讲的原则平仓。

要想掌握期权趋势交易这门艺术，必须用真金白银去实战，除此之外没有别的办法。本章和前面两章的策略会帮助你提高趋势交易的收益。现在要做的事就是进行实战，一开始要用小资金交易：不要买股票，先买2手看涨期权或看跌期权。一旦你了解了交易方法，再去尝试更复杂的策略。如果遇到了公布盈利报告的密集期，那么就尝试跨式组合交易。也许你会很快发现自己更喜欢期权。但是让我再重复一次本节开头所提出的警告：如果股票没有赚钱，就不要指望通过期权赚钱。杠杆作用，还有各种因素（价差亏损、时间价值衰落和下跌的德尔塔值）都会影响你的利润；如果没有掌握好趋势交易的艺术，这些因素都会改变你的交易生涯。

PART FIVE

第五部分 以交易为生

第 16 章 CHAPTER 16
伟大的愿景：
趋势交易能把你带到哪里

本章是本书的最后一章，我将和你分享两件事。第一，我将谈谈从交易中学到的生活知识。如果你想学习这些知识，愿意在做好交易的同时搞好自己的生活，那么你就能过得很好——你的朋友和家人也能过得很好——如果你因为骄傲而不愿意这么做——你就需要用其他方法来提高收入了。第二，我想和你分享 10 年或 20 年后股票交易现象以及我的愿景。我很喜欢交易，我认为交易能给大量的、正在增长的社会大众带来极大的好处，这些社会大众过去一直超负荷工作，收入却很低，常常被剥削。

以交易为生；为生活而交易

我在 2002 年 10 月创办 befriendthetrend.com 网站的时候写出了本节开始的格言，本格言的前半部分来自亚历山大·艾尔德的名著。这本书深深地影响了我，让我从基本面分析转到了技术分析（请看介绍中的文字）。当然了，我的书名就是根据他的书名取的。我很喜欢"以交易为生"这个说法。这个说法在20世纪90年代末激发了很多医生和律师的期望,他们放弃了利润丰厚的工作并在位于郊区的家中地下室建立起自己的交易室;很多餐厅服务员和出租车司机利用换班的时间去买亚马逊和高通公司的股票。交易是为了希望,为了过得更好这个希望。但是交易和很多骗人的项目不同,交易确实可以合理地实现它承诺的东西。

我确信任何人只要有正确的思维、恰当的策略工具和实战经验,他一定能够成为成功的交易者——可以偿还债务、为女儿读大学支付教育费用、提前退休并给母校捐赠奖学金。

交易不但能让你获得金融上的成功,交易还能塑造你的性格,交易是你重要的老师。这就是这个格言第二部分的原因:交易不但能让生活过得更好,它还能帮助你"获得新的生活方式"。交易者有时候太自我了,商业界的很多名人也是如此,华尔街在很多方面的功能就像是拉斯维加斯:庞大的利润会放大人性中最严重的性格缺点。每次"疯狂的金钱"表演时,都有10来个认真的、有纪律的、沉着的、正直的、慷慨的交易者为自己和家人带来了很好的生活。我认为至少有一部分原因是他们做好了交易。有趣的是:交易会用奇怪的方式提升你的道德水平。

我认为交易可以提高5个方面的素质。当你决定以交易为生时,你的配偶会紧张吗?如果紧张就把本书的这部分的内容给他或她看。他们也许会吃惊地发现他们的配偶在进入交易生涯以后会成为更加优秀的配偶。

交易能培养你的耐心

也许你从交易中得到的最深刻的体会就是要非常有耐心。无论你决定持有仓位的时间是几分钟,还是几周,成功的交易都需

第16章 伟大的愿景：趋势交易能把你带到哪里

要耐心。耐心意味着愿意吃苦以等待迟来的幸福（在拉丁语中，耐心意味着"吃苦"）。在交易中，好的期望就是丰厚的利润。很多时候市场中的大好形势总是姗姗来迟，甚至会消失。没有耐心的交易者会怎么做？他们会冲动、会恐慌、会犯错；他们在本应该一直持有仓位的时候进进出出；或者在赚钱之前就以小亏提前出场了，或者在赚大钱之前赚了一点点利润就走了。如果说没有耐心易冲动的交易者永远无法获得成功，那么谁是赢家呢？根据圣徒托马斯·阿奎那的说法——那些坚韧的人——有美德的人才是赢家——他们使用经过时间检验的趋势交易系统每天都在耐心地等待机会。

我不但做交易，还喜欢跑步。我跑过马拉松（以后再也不想跑了！），参加过几十次5千米和10千米比赛，我每周在住所附近会跑30到50千米。跑步很像交易，对于长跑而言，你必须以一种高效而有节奏的步伐跑上数千米，才能积累起承受更快速度比赛的能力。如果一开始就跑得太快，你在到达目标前可能就累垮了。长跑需要耐心，需要正确的节奏：长跑的人必须控制自己的步伐不能太快，不能有向前猛冲的想法，这样才能跑到终点。交易也是同理，交易就是马拉松长跑，交易不是为了追求短期暴利，要想成功，你必须有耐心地控制自己的步伐。

交易告诉你如何去聆听

要想研读好图表，你必须关注图表在说什么。你必须形成聆听图表信息的技术，而不是听自己的。太多人都喜欢听自己的。我们喜欢和自己对话，当我们和别人交流的时候，我们总是想把话题转到自己想说的内容上面，很少有人能认真聆听。你想成为优秀的交易者吗？那么你必须成为优秀的聆听者。

图表就是图形语言，价格模式、指标、成交量的高低起伏都是图表的言词。交易者必须知道图表在说什么，并做出合适的反应。有时候图表充满噪音，我们要回避这样的图表。有时候图表用优美的旋律在歌唱，我们就要跟随这样的图表。无论如何，我们都要认真聆听图表在说什么。

听好了，伙计：根据所有的调查报告，女人最希望男人哪一点？不，你想错了！女人最希望男人聆听她们，关注她们，了解她们。伙计，记下来吧：交易会让你成为优秀的聆听者，并让你变得更加性感！

交易会告诉你如何做到宽容

想象一下这个情景：你在筛选股票，用肉眼观察图表，在认真研究了几个小时后你认为找到了本周最好的交易机会。实际上，这是你在很长时间内找到的最好的图表。最近市场一直在振荡，很难去交易，但是这个模式看起来一定会赚钱。所以你在开盘时下单买入，半小时后你的订单真的成交了，你做多了XYZ。第一天收盘时的利润是3%——不错的开始，第二天收盘时的利润是5%，第三天则是7%。一切都很不错，你认为到了周末时你会实现15%的利润目标。然而那天晚上出了一个坏消息：这家公司的盈利状况根本没有大家想象的那么好，这家公司已经大幅调低了他们的盈利目标。第二天开盘时的价格就在你的进场点之下，并很快到了你的止损点，你以亏损退出了这笔交易。在短短的一分钟内，你的希望破灭了。

此时你有什么感受？我会告诉你你的感受。你感觉到了背叛，你有怨恨。这个公司的管理层让你失望了，他们都是装模作样的傻瓜，都是他们的错！如果你像我一样神经过敏，你会责怪自己的。你会说你本应该做更多的研究,你本应该在赚钱的时候兑现部分利润,你本应该看见图表中的内在缺陷,如果我这样做就好了,如果我那样做就好了。后悔和羞愧影响了你的情绪。

这些情绪反应都是在感到失望时的正常表现。这是遇到了糟糕的交易的最好反应吗?当然不是,长期以往,如果你不能处理好这些负面的经历(随着时间的推移会越来越多),它们最终会让你亏损而离开交易界。这就是交易告诉我们要做的事:为了不再责怪市场,为了不再责怪自己,我们要学会宽容的艺术。如果公司某个季度的盈利不好,你要对这家公司的不当管理表示理解;如果自己不够勤奋,不够准确,或不够好,你都要原谅自己;忘记这笔亏损的交易,再继续下一笔交易。在生活中学到的东西很关键——原谅别人和自己的错误——这是在为生活而交易的过程中学到的关键知识。

交易告诉你不要过分坚持自己的偏见

偏见就是我特别喜欢某个期待中的结果。从反面来说,偏见阻止了我们客观地评估状况。从正面来说,偏见是我一开始就这样分析市场状况的唯一原因。请让我解释一下,人们常说现在的媒体有偏见,我们暂时认为这个说法是正确的,这意味着媒体的调查并不能客观地告诉我们发生了什么。实际上我们只是得到了对事件的片面看法,并没有看到它的完整面。如果没有这些偏见,人们也就没有兴趣编造新闻故事了。因此,如果能合理地管束好自己的偏见,这些最初的兴趣也许会产生不错的收益。

统计数字表明任何偏见都不能带来精准的收益。科学研究可以排除所有的偏见,但是股票交易并没有这么客观,我们还是需要一些最基本的偏见——看涨、看跌或其他看法——这样我们才能对此产生兴趣,然后才能采取行动,取得特定的交易结果。我们至少要知道市场在短期内的方向,我们才能应用最赚钱的交易系统来进行交易。我们需要知道正在研究的市场在不远的将来最有可能是什么状态,是上涨、下跌或振荡。这就是趋势交易者采用技术分析的原因:均线、趋势线、K线和指标都能帮助我们形成理性的或然的市场思维,在做单笔交易时也会如此。

当交易者太执着于自己的偏见时,他们会陷入麻烦。记住这句格言:"让市场做自己的事!"如果我们的偏见让我们进行了一笔交易,而这笔交易证明我们的偏见是错的,那么我们就要想办法放弃这种偏见。当交易失败时,如果我们的偏见太强烈了,它会阻止我们采取正确的措施:接受亏损,再换一个投资品种。即使我们赚钱了,偏见也有可能伤害我们。我们的仓位赚钱了,因为我们相信这笔交易会大赚,所以我们坚持持有仓位,结果最终一无所获,这样的事发生了多少次?毫无疑问,这样的事发生了很多次。因此,交易者应该根据最初的市场偏见进行实战交易,但是当交易失败时,就千万不要再坚持这种偏见了。

交易叫你谦虚

这是我们从交易中学到的最后一课,我们不但不要过分坚持自己的偏见,我们还不能太骄傲。市场太大了,没有人能够征服市场。市场中的向量太多了、元素太多了、各种关系太多了,没有一个人能全面掌握它们——但是一旦你连续几笔交易赚了钱,你很快就觉得自己是市场大师了(开始为自己大吹大擂了)!千万不要有这种想法。没有任何人——巴菲特、克拉默、塞柯塔、索罗斯——都不能控制市场。我们所能做的就是让经过时间检验的系统提供对我们有利的概率,然后我们每天努力用好这些

第 16 章 伟大的愿景：趋势交易能把你带到哪里

系统。

交易心理学者班尼特·麦克道尔在一篇网上的文章中认为对待市场采用谦虚顺从的姿态比采用激进的姿态要好。他写道：

很多投资新手，他们过去在做生意的时候表现得很激进，所以他们以为对待市场也要采用激进的态度。这看起来似乎很有道理，实际上，正是这种激进的态度让他们成为成功的销售人员、经理、管理层、医生、小老板、企业家，等等。你认为你可以迫使市场按照你的意思走，这是不可能的！市场太大了。实际上我认识的很多成功的交易者都是顺从市场的。他们一般都是"跟随"市场，而不是迫使市场产生他们期待中的结果。

请再次学习这个格言："让市场做自己的事！"本书给你提供了必要的工具，你可以通过交易过上好日子。实际上，趋势交易就是趋势跟踪。你会发现我们提供的所有模式都是针对已经存在的趋势——无论是价格、指标或是两者的结合——我们在进场前趋势就已经存在了。骄傲的交易者以为自己比市场聪明，想在大家都卖出的时候买入，想在大家都买入的时候卖出，以为自己可以提前捕捉到市场的反转。如果你没有内部消息，不像沃伦·巴菲特或彼得·林奇那样有生意头脑，那么你只能采用有用的方法。趋势交易中有用的方法就是面对市场时要谦虚，让市场告诉我们它可能会怎么走。

在坚持使用你的交易系统的时候也不能骄傲，要保持谦虚。我给你讲一个例子，这是我最近最糟糕的一笔交易。我的交易系统要求我们在公布盈利报告前卖出我的某个仓位，但是我以为这家公司像前两个季度一样，公布的盈利会超出市场的预计，所以我决定继续持有仓位到公布盈利报告的时候。我们的客户已经很高兴地获得了这笔交易的收益，他们都已经换了投资品种。然而当我在第二天早上醒来时，我发现这只股票的每股红利和评级都低于华尔街的预估，所以价格跌到了 20.00 以下。股票下跌后我也没有等到救兵（股票跌到了 18.00 下面一点），最后我非常尴尬地平仓了，以亏损收场。

即使是最优秀的交易者也会犯这样的错误，但是成功的交易者很少犯这样的错误。我为什么要隔夜？是因为我贪婪，这很简单，很纯粹，没错，我是贪婪；同时也是因为我骄傲——这个态度让我以为我比我的交易系统懂得多。请想像一下这种情景！简而言之，要想成功交易，就要用谦虚的态度对待市场和各种交易纪律，市场和纪律的表现都要比你的表现好。

斯托克博士的远大理想：让每个人都成为交易者

几年前，我和我的妹夫托尼坐在纽约市中央车站的咖啡店里面。咖啡因开始在我们的脑子里激荡，我们在谈论我们都很喜爱的交易，谈论如何让自己的交易更上一层楼。当时我刚刚开发完本书中的大部分系统，刚刚开通了我的网站 befriendthetrend.com。托尼会编程，也懂互联网知识（他有自己的网络服务提供商），他认为我每天晚上的例行工作可以用程序来自动完成。他说软件可以自动做筛选工作，可以按照我的模式要求筛选出符合条件的股票，并提供进场价和止损价，甚至可以自动交易。如此一来，你真的可以在做其他事的时候（比如白天的工作）实现以交易

第 16 章　伟大的愿景：趋势交易能把你带到哪里

为生。

可惜，我们的对话就到此为止了。我现在还在等待托尼把他的公司卖掉，这样他就可以全心全意地帮我编程了。不过这次谈话启发了我，我认为可以扩大服务范围。随后一年，我开始写作各种小册子介绍各种交易策略，包括波段交易、日内交易和电子迷你盘交易。这些小册子在随后几年卖得很好。然后我们又在网上为 200 个新手举办 4 个小时的研讨会。这次研讨会太成功了，在随后的一个月我们又为中级交易者和高级交易者举办了研讨会。没多久，就有交易者给我打电话了，他们请我做他们的个人交易教练。因此我创立了一个对冲基金，以帮助那些没有时间做交易的客户做交易，所以"和趋势做朋友"基金就诞生了（现在已经快 4 个年头了）。之后有人要求我出版关于交易的书籍，所以我创作了本书。简而言之，我对交易的激情很快变成了一个小产业园。

现在，我们的 befriendthetrend.com 网站已经运营 7 年了，我发现我总是在问自己："下一步干什么？未来的梦想是什么？"我并不知道未来会做到什么程度，但我会告诉你我的计划。我将总结一下在未来 10 年趋势交易的现状会是什么样子（还有 befriendthetrend.com 网站，希望你能访问我的网站）。

交易培训中心

我希望看到交易和相关培训中心会在美国和国外取得进展。我不是指 20 世纪 90 年代臭名昭著的"理财公司"，它们不是破产了，就是以诈骗罪被起诉了。我有一个设想，那就是在郊区的购物中心和市区的商业中心开辟连锁的店面，人们可以在里面进行交易，店面里面布置了很多显示器，显示各种财经新闻，头顶上大显示器闪烁着各种市场报价以及你感兴趣的图表。这是很酷的，很时髦的地方——请注意内部的设计——交易者可以聚在一起谈论股票，用自己的账户做交易，并在谈论过程中学点东西。每个培训中心的管理人必须非常懂技术分析，了解资金流，能给交易者提供建议和培训。如果股票出现了很有把握的模式，可以通过高音喇叭播报出来，并在屏幕上显示出它的图表。在后面的房间则会每天举办研讨会，以帮助那些想提高交易技巧的人。在开盘时间会提供爱斯普利索咖啡，收盘后则提供啤酒。待在这样的环境里是不是很有趣？但是别忘了做好交易。

我还不能肯定这样的创业计划是否能让培训中心盈利。也许需要华尔街大银行的帮助，让这些培训中心为它们的个人客户提供服务。银行会得到什么？银行会增加客户、提高客户的忠诚度、响亮的品牌（像高盛和星巴克一样）、分散投资（通过拥有商业资产）、提高佣金收益，有很多好处，这里仅仅列举了几个。每个月的会员费收入、佣金打折、饮料销售收入、音乐会、研讨会和培训材料都能让这些店面成为吸引人的地方。

自动造钱机

培训中心唯一的问题是开盘时间通常也是大家上班的时间，这很讨厌。并不是每个人都能做到以交易为生，有些人还是要去上班的。那么谁会在周二上午有时间呢？大部分退休人员和失业人员又没有足够的资金进行交易。

为了吸引更多的人参与交易，这里有一个变通的方法：开发自动交易软件。如果我们可以把所有的模式筛选过程机械化，如果我们可以自动下单，如果软件可以在收盘前帮助我们更新订单，那么我们就相当于创造了一个自动造钱机。这样我们就能把

第16章 伟大的愿景：趋势交易能把你带到哪里

多年的努力变成一个自动提款机。

这是可能的吗？当然是可能的。目前市面上有图表模式识别软件，有技术参数筛选软件，还有自动下单管理系统。为什么就不能把这些软件的功能合并到一个软件中呢？为什么就不能开发一个软件，让它做到：(1) 决定整个市场的类型（之前已经说了）。(2) 筛选符合条件的模式。(3) 自动进行交易？当然了，这些都是能办到的。开发这些软件的工程师需要找工作吗？

创造这样的机器，并把它推广出去也是一个问题。我们可以这样说，我们能创造一个自动造钱机器，它能根据趋势交易的模式筛选出最符合条件的交易机会。然后我们再说我们能为大众提供这个产品，然后再聘请顶尖的广告公司帮我们做广告，这样问题就解决了。我们还可以利用电子邮件做广告，我们可以散发宣传单，我们可以利用电台和电视做广告。这样订单很快就来了，我们会卖出500份软件……然后是1000份软件……然后就会有人帮我们做口头宣传，我们就能卖出5000份，10000份。我们再把这个软件做一些修改，形成2.0版，然后再卖10000份，这样我们就有2万个交易者在使用我们的造钱机器在自动地做交易。如果我们的软件能卖2000美元一份，2万这个数字是比较合理的（我们每个月还可以收取数据费）。

你能看到未来状况吗？还是让我来说吧。假如说造钱机器给出了在50.00买入KLAC的信号，KLAC的成交量很大，平均每天成交量是500万股。当2万个交易者同时得到了这个信号时，如果每个交易者平均买入500股（有些人买的多些，有些人买的少些），那么就会有1000万股在50.00被买入了。这就是说，在开盘后一分钟内的成交量是平均成交量的2倍。这样的事会发生吗？根本不会发生的。KLAC要么向上跳空并义无反顾地继续上涨；要么以50.00的跳空价开盘，向上涨一点点，然后随着成交量的减少而崩跌。这两种情况都无法赚钱。

有解决这个问题的方法吗？有，这个方法叫分散。我们可以同时使用几十个造钱机器。我们让造钱机器帮我们做日内交易、短线交易、波段交易、隔夜仓位交易、风险大的交易、风险小的交易、大账户的交易、小账户的交易、基金经理的交易、散户的个人退休帐户交易。我们还可以使用板块造钱机器、ETF造钱机器、迷你合约造钱机器、外汇造钱机器——想要什么有什么。这样我们就分散了资金和订单，因此也分散了风险。

个人交易教练网络

对于未来10年，我还有一个梦想，那就是建立一个个人交易教练网络。教练可以在不同的培训机构（请看前面讲的培训中心）为不同的交易者提供私人培训服务。为什么不这么做呢？我们现在有很好的保健教练、有减肥教练、有优生教练、有激励教练；我们可以请教练教我们如何做菜、如何编织、如何做瑜伽、如何和上帝沟通。为什么就不能请一个教练帮助我们学习如何做交易？

我能预想到那些认真的有牌照的专业的交易者跑到客户的家里进行一对一的指导，并因此而增加自己的收入。在这种个人辅导过程中，辅导的内容从设置观察列表到筛选出最合适的交易机会等方方面面的内容都可以涵盖到。更高级的客户可以学习研读报价机行情、价差交易和对冲交易。教练可以通过各种视觉化的练习给交易者传输正确的思维。

我知道这种一对一的传授可以很好地帮助普通交易者。即使

第16章 伟大的愿景：趋势交易能把你带到哪里

是亏损的交易者，通过学习也能实现成功交易。我自己曾经培训过一些客户，我在他们家通过他们的电脑培训他们，我发现这种传授过程是非常有价值的。当然了，这也是最有效的传授交易知识的方法。通常这种辅导过程就是发现交易者的某个错误，然后提出解决方法。有时候则是讲解如何开发交易系统。教练过程是一个非常不错的、有效的过程，我希望越来越多的人参与进来。

Final Thoughts
结　语

趋势交易股票和期权是最刺激的，当然也是最具有挑战性的爱好。随着时间的推移，只要有正确的知识和经验，这个爱好就能变成非常赚钱的爱好——很赚钱，你可以过上好日子，再也不用工作了（除非你认为坐在电脑前面点击鼠标也算是工作）。我相信你已经拥有了实现交易成功的所有知识，趋势交易是最好的交易方法，本书提供了趋势交易的关键知识。

趋势交易是丰富多彩的，也是很重要的，但是一旦把趋势交易作为你存在的理由，你就失去了这场战争的平衡点。我来做一项测试：当你早上醒来时，你想到的第一件事是什么？当你晚上睡觉时，你最后想到的是什么？是不是同一件事？是不是交易？如果是的，我就要给你警告了：如果你想到的第一件事和最后一件事都是关于交易的事，那么你的交易不再是你的爱好了——简直就是上瘾了。

对交易的成功感到激动（根据我的经验），这种激动超过了任何其他事物带来的荣耀是很正常的。对交易的失败感到沮丧，似乎你做的任何事都是忧郁的（也是我的经验），这也是正常的。如果你没有办法控制这种情绪上的过山车，或是无法产生稳定的收益，那么也许你并不适合做交易。比较好的做法是：无论市场

结　语

如何，你都要采取正确的措施。

你现在已经知道了到哪里去开户，使用哪个图表软件，如何设置图表和观察列表，如何每天筛选出符合有效模式的股票，如何找到当天最好的1~2个模式，在什么价位进场，在什么价位出场。还有很多资源能够帮助你按照我们的指导原则做交易。这是一个完整的系统。请研究本书中讲到的各种模式，并记住相关的参数。然后努力地运用它们，观察它们，你的账户就会慢慢地增值了。

我将送给你3个思想。

第一个是：对自己要有耐心，对交易要有耐心。趋势交易并不是快速致富的项目，是慢慢致富的项目。时间长了，你就会看到自己的净收益。长期以往（我指几年，不是几个月），你就能看见巨大的收益。如果一生都坚持，你会看到超级多的收益。

第二个是：交易工具的使用是有灵活性的。虽然本书讲解了10个模式和期权系统，但是1000个读者使用这10个模式的结果都不尽相同。对基本参数的解读和使用也会有所不同。你要找到自己感觉最舒服的参数，找到最适合自己性格的交易风格，坚持做下去。

第三点是：你能！无论你的母语是什么，无论你的教育背景如何，无论你的起始资金是多少（没错，是有点影响），你都能开户、买股票、设置止损单和目标单并赚钱。不要让恐惧阻止了你的脚步。

如果你现在还是感到困惑，那么这是我的错误，我真的非常抱歉。如果你有任何问题，你可以写电子邮件给我，我的电子邮件地址是 support@befriendthetrend.com。我永远会给你提供帮助的。上帝保佑你，尤其要保佑你实现以趋势交易为生！

ABOUT THE AUTHOR
关于作者

　　卡尔博士，也叫斯托克博士，他在交易界很出名，他在1996年开始涉及交易，在研究了几年技术分析后开始在交易市场活跃起来。他拥有普林斯顿神学院神学硕士学位，拥有牛津大学的哲学和神学硕士学位以及博士学位。他不但要管理一个小的对冲基金，还是俄亥俄州蒙特联合学院宗教学和哲学的终身教授。《华尔街日报》《美国新闻和世界报道》都针对交易心理方面的问题采访过他。他以前的作品发表在《活跃交易者》和《股票和商品技术分析》期刊上。卡尔博士还是畅销书《生死介绍》的作者（2005年普伦蒂斯霍尔公司出版）。

　　斯托克博士一开始把交易当作业余爱好，亏损两年后他决定认真研究交易。他参加了一些交易研讨会，并师从于一些名人，包括亚历山大·艾尔德、史蒂夫·尼森和韦尔斯·韦尔德。之后他就开始测试自己的交易系统，结果表明他自己的交易方法在各种市场状况下都很赚钱。这些系统是建立在技术分析的基础上的，但也融合了斯托克博士评估市场心理、板块力量和整体市场方向的独特方法。就像水平很高的研读报价机行情的人一样，斯托克博士有神奇的判断进场点和出场点的能力，他常常在大行情启动前进场。斯托克博士是"和趋势做朋友"公司的CEO，这是一家建立在网络上的咨询公司,它提供交易咨询服务(网址是www.befriendthetrend.com)。他还是资金管理公司的合伙人,他为合格投资者创造了很多赚钱的机会。

斯托克博士和夫人及其两个女儿居住在俄亥俄州东北部。很多人请他去研讨会发言,还请他做交易教练。

译者后记

这是一本纯粹讲技术分析的书，没有涉及基本面分析，所以这是一本写给技术分析人士看的书，也是写给初学者看的书。

本书用深入浅出的方式讲解趋势交易的方方面面，也就是趋势跟踪的方方面面。不但讲到了趋势的确认、趋势线的应用、通道的应用，还具体定义了趋势交易的含义，读者可以很好地了解如何做趋势交易。原作者还特意说明了哪些方法不是趋势交易方法，这点比较可贵。

本书作者还具体解释了不同交易方式的特点，这方面的内容在国内正规介绍得比较偏少，读者通过阅读这方面的内容可以结合自己的情况看看自己到底适合做哪种交易者，也看看身边的人到底是哪种交易者。如果对方和自己不是同一种类型的交易者，如何取长补短。

本书虽然是介绍技术分析的书，但原作者并没有过多地讲技术指标，译者认为这是原作者的优点，否则就陷入了国内投资书的窠臼。

原作者在本书前面章节介绍了一些美国的软件和网站，这些软件和网站有非常强大的股票筛选功能，几乎可以用英语表达自己的选股条件。由于国内行情软件没有这方面的内容，读者在阅读时如果有兴趣，可以参照本书自己去美国网站尝试一下。

在具体的交易模式（模式可以理解为某种交易方法）方面，作者是分 2 个品种来讲的，一个品种是股票，另一个品种是期权；各自从做多、做空两个方向传授了几个具体的模式。虽然原作者说有些模式的胜率高达 70% 到 80%，但是考虑到在国内并没有有效的测试软件做测试，所以对于这些模式，读者仍然需要采取谨慎的投资态度，不可照搬套用。

本书第四部分用 4 章内容讲解了期权的相关知识。目前我国股市推出融资融券机制相当于做空机制，这些模式可以直接套用。随着上证 50 股指期权的推出，相信国内金融衍生品也会越来越丰富，提前准备相关知识对读者的交易一定会有裨益的。

关于"以交易为生"这个话题，原作者提出了新的看法，他认为只要通过交易相关的活动过上美好的生活都可以算做是以交易为生。如此一来，我们还可以发挥更多的主观能动性。

本书的完成得到以下同仁的大力帮助，他们是：朱杰、吴文莉、李超杰、陈鼎、余锋、常红婧、郑星、田军、彭家伟、张苹、苏远秀、范纯海、张毅、吴春梅、肖艳梅、张毅。其中第一章至第五章由肖艳梅、朱杰、吴文莉翻译，第六章至第十章由张毅、李超杰、田军翻译。第十一章至第十六章由常红婧、郑星、彭家伟、张苹、苏远秀、陈鼎、余锋、范纯海翻译。其余部分由张毅、吴春梅翻译，全书由康民负责统校。由于译者水平有限，错误和疏漏之处在所难免，敬请读者批评指正。

高级趋势技术分析
高级波段技术分析
高级反转技术分析（上、下）

作者：阿尔·布鲁克斯

　　这套丛书是写给严肃的交易者看的，阿尔的书最大价值在于，阐述了理解价格行为以及逐根K线分析走势图有助于追踪通常由机构所推动的形态，通过小止损、早入场，让机构为个人投资者"抬轿"并最终获利。

　　在这套丛书中，布鲁克斯主要通过5分钟周期的K线图来阐述一些基本原则，但也讨论日线图和周线图，书中也有如何将价格行为分析用于股票、外汇、国债期货和期权的内容。

市场择时新技术

作者：托马斯·德马克

高盛集团、花旗银行、摩根银行、纽约人寿特聘市场策略大师。

托马斯·德马克里程碑式经典著作。开启技术分析的崭新时代，被《Future（期货）》杂志誉为"完美的技术分析师"。

资金管理新论

作者：拉尔夫·温斯

拉尔夫·温斯，专业的计算机程序员出身，为基金、大型交易机构和职业操盘手编写了一系列交易分析程序。

本书致力优化资金账户表现，阐述"最优"概念，提供革命性投资组合管理模型。

如何建立高胜算交易系统

作者：安东尼·特龙戈内

安东尼·特龙戈内，美国纽约大学博士，注册金融规划师，商品交易顾问，交易决策软件 eSignal 的高阶教师。

自己掌控资金，自主进行交易决策，这样才能应对每个交易日的挑战，让自己离成功目标更近！

日内交易入门

作者：杰克·伯恩斯坦

超短线交易技术核心内容是稳固而且简单易学的。本书涵盖了短线交易的各个方面，解释为什么短线交易技术起作用，如何在金融市场中扮演恰当角色，如何引导风险。内容从基础开始，然后逐渐转移到高级话题。

华尔街操盘手是怎样炼成的

作者：罗布·布克

这是一本通俗易懂、风格独特而又让人享受到阅读乐趣的书。作者以非常风趣的方式告诉我们在交易时如何避免犯下最常见的错误。如果您已经厌烦了阅读课本式的入门书籍，那么这本书非常适合您，强烈推荐这本书。

低风险高收益动态交易指标

作者：马克·W.黑尔韦格
　　　戴维·C.司汤达

本书介绍了一种全新的蜡烛图——价值图。您可以凭借本书，尽情地学习这种革命性的交易指标，它已经为你打开了通往交易成功、风光无限的大门。本书可以说是股票和期货交易者必读之书。

专注证券图书出版15年

国内专业的证券图书出版商

我们不只是卖书，也不仅仅是出版！
欢迎搜索关注"舵手图书"定制出版、投资者教育……
更多增值服务等着您。

更多增值技术资料请扫描微信二维码
添加舵手图书微信订阅号

舵手证券图书天猫店铺：https://bjwyts.tmall.com